Qoraalkan wuxuu dhiirrigelin u yahay
Xamsa, Axmed iyo Zakariye

"وَاتَّبِعْ سَبِيلَ مَنْ أَنَابَ إِلَيَّ"
(لقْمَان 15)

IMAAM SHAAFICI

- Difaacihii Sunnada -

Waxaa qoray:
Cabdifataax Cabdullaahi Sh. Xasan (Joof)

The name of the book: Imaam Shaafici, Difaacihii Sunnada.
The author: A A Hassan
Published by: A A Hassan
First Edition (Daabacaadda Koowaad)

Imaam Shaafici, Difaacihii Sunnada,
Waxaa qoray Cabdifataax Cabdullaahi Sh. Xasan (Joof)

ISBN 0-9547237-0-8

Printed and bound in the UK by Zaytun - 020 7247 5051

Wixii ah
talo, faallo ama dhaliil
ha la bakhaylin, kuna soo hagaaji
cinwaanka elektarooniga ah:
shaafici54@hotmail.com
ee sida khaaska ah loogu sameeyey
Shaafici, Difaacihii Sunnada.
Cinwaanka xasuusashadiisu
waa sahlan tahay, waana
shaafici + da'duu jiray
markuu dhintay 54,
(shaafici54).

TUSMO

والصلاة والسلام على نبينا محمد وعلى آله وصحبه الحمد لله

HORDHAC

Xilliga aan ka hadlayo waa kun iyo laba boqol iyo labaatan sano ka hor - laba iyo toban qarni iyo labaatan sano ka hor. Waa xilli dahabi ah oo Muslimiinta soo maray. Shaqsiga aan taariikhdiisa wax ka qorayo waa Imaam Shaafici, Allaha u naxariistee, oo ah imaamka Soomaalidu ay fiqigiisa barato. Taariikhda Imaam Shaafici waa taariikh macaan oo aan laga daalayn. Waa taariikh-nololeedkii shaqsi wayn oo ahaa mujaddid dardar cusub geliyey fahamka Muslimiinta. Ahlul-Xadiiska oo naxuusa ayuu belaliyay, iyaga oo hurda ayuu toosiyay, wuxuu noqday afhayeenkooda rasmiga ah, wuxuuna si qurux badan u difaacay Sunnada. Waa taariikhda shaqsi ahaa faqiih, muxaddis, usuuli, mufassir, mujtahid, gabyaa, bare, caalim, dood-yaqaan, mufti, qoraa, dhakhtar, abtir-yaqaan ...

Habka Muslimiintu ay taariikhdooda u soo minguuriyaan wuxuu dheer yahay hababka ummadaha kale ay isticmaalaan nidaamka loo yaqaan *"sanadka"* oo ah silsiladda lagu soo tebiyo dhacdooyinka. Muslimiintu way la wadaagaan ummadaha kale hababka kala duwan ee lagu ogaado taariikhda, waxayse dheer yihiin nidaamka silsiladda taxan. Hababka kale ee taariikhda lagu ogaado ka sokow, taariikh-nololeedka Imaam Shaafici waxaa kaloo lagu soo minguuriyey nidaamka aan soo xusay ee *"sanadka"*. Taariikhdiisu waa taariikh dhab ah oo sugan. Guud ahaanna, taariikhda Shaafici waa taariikh lagu weriyey waddooyin farabadan, qaybo badan oo ka mid ahna la oran karo, haddaan soo amaahdo ereybixinta muxaddisiinta, waxay ku yimaadeen hab mutawaatir ah. Culumo farabadan, oo kuwa hore iyo kuwa dambeba lahaa, ayaa wax ka qoray taariikh-nololeedkii Imaam Shaafici. Waxaa tusaale noogu filan inaan soo qaadanno dhowr magac oo ah magacyo culculus: Daawuud ad-Daahiri, al-Bayhaqi, an-Nawawi iyo Ibn Xajar. Qaar ka mid ah kutubta ka hadashay taariikh-nololeedka imaamka oo ay culumadaas qoreen waxaad magacyadooda ka arki kartaa tixraaca ku qoran bogga dambe ee qoraalkan.

Si aan u ilaaliyo dhawaaqa saxda ah, meelaha qaarkood waxaan isticmaalay xarfo aan ku jirin qoraalka Soomaaliga sida *gh* oo u taagan xarafka Carabiga ah ee غ, *z* oo u dhigma ز iyo *th* oo loola jeedo ث. Marka aan qorayay erayada ama magacyada asal ahaan ka yimi afka Carabiga, uma aanan aabba-yeelin nidaamka loo yaqaan *"manala garaadbaa"* ee xarfaha labalaabma. Waxaa intaas dheer, isku si uma qorin laamka shamsiga ah ee horgala xarfaha shadku saaran yahay iyo kan qamariga ah ee horgala xarfaha aan shadka lahayn ee afka Carabiga aniga oo tixgelinaya mudnaanta koowaadna siinaya dhawaaqa saxda ah ee kelimadda. Tusaale ahaan labada magac ee Carabi ahaan u qorma sidan البيهقي iyo الزعفراني kan hore xarafka ب ee ku xiga ال ma shidna sidaa daraadeed waxaa loogu dhawaaqaa al-Bayhaqi, laakiin xarafka ز ee ka mid ah ereyga dambe waxaa saaran shad, marka xarafkaas iyo laamka ka horreeya waa la isku shidaa marka la akhrinayo, laamkana laguma dhawaaqo, sidaa darteed waxaan u qoray az-Zacfaraani halkaan ka oran lahaa al-Zacfaraani, si dhawaaqa saxda ah uu akhristaha ugu sahlanaado. Magacyada Carabiga ayagana waxaan u qoray si muujinaysa dhawaaqa saxda ah marka laga reebo qaar aan badnayn.

Taariikhda Shaafici waxay anfacaysaa qof walba: faqiih danaynaya fiqiga, usuuli ku hawlan nidaamka dhiraandhirinta axkaamta, doodaa raba inuu hab-wanaagsan cid kale xujo ugu oogo, qof baadi-goobaya cid uu ku daydo, nin dhalinyaro ah oo asna doonaya cid uu tusaale ka dhigto, waalid carruurtiisa u raadinaya cid ay ku daydaan, baare ku mashquulsan daraasaynta maqaasidda shareecada, muxaddis danaynaya cilmiga rijaasha, gabyaa ku daalay gabayada laqwiga ah oo doonaya gabay nadiif ah, luqad-yaqaan danaynaya cilmiga luqada, abwaan bulsha-barasho ku hawlan oo xiise u qaba inuu ogaado raadka mad-habka Shaafici uu ku leeyahay shaqsiyadda Soomaaliyeed, qof raba inuu ogaado casrigii dahabiga ahaa ee Muslimiinta, daalibul-cilmi raba inuu ku takhasuso mad-habka Shaafici, qof raba inuu ogaado sifooyinka wanaagsan iyo caqliga toosan ee culumada Islaamka .... iwm.

Taariikhda Imaam Shaafici laguma soo koobi karo qoraal gaaban ee waxay u baahan tahay qoraallo dhaadheer oo taxan. Shaafici waxaa ammaan ugu filan inuuba Shaafici yahay, anigana waxaa sharaf ii ah inaan wax ka qoro taariikh-nololeedkii Shaafici iyo inaan warbixin kooban ka bixiyo cilmigiisii mawsuuciga ahaa anigoo akhristayaasha xasuusinaya in Shaafici, Allaha u naxariistee, uu diidi jiray in isaga ama cid kaleba si indha la'aan ah loo raaco[1].

13 Dul-Qacda 1424,
(5 January 2004)

London

---

[1]Oraahda aan hordhaca ku soo afjaray waxaad u barbardhigtaa hadallada ay yiraahdeen al-Muzani iyo Axmed Shaakir. Al-Muzani oo ahaa ardaygii Shaafici wuxuu qoray kitaab la magac baxay Mukhtasir al-Muzani oo uu ka soo gaabiyey kitaabkii Shaafici ee la oran jiray al-Umm. Al-Muzani wuxuu kitaabkaas hordhac uga dhigay erayadan: *"Kitaabkan waxaan ka soo gaabiyay cilmigii Muxammad ibn Idriis ash-Shaafici, Allaha u naxariistee, iyo macnaha hadalkiisa. Ujeeddadaydu waa inaan cilmigaas u soo dhaweeyo qofkii raba. Waxaanse ogeysiinayaa qofkaas in [Shaafici] diidi jiray in isaga ama cid kale lagu taqliido. Ujeeddaduna waa qofku inuu diintiisa ka fiirsado naftiisana u dadaalo".* Dhinaca kale, Axmed Shaakir oo ka faalloonaya ar-Risaala, kitaabkii Shaafici, wuxuu yiri: *"Kitaabkan waa kitaabkii ar-Risaala ee uu qoray Shaafici. Shaafici waxaa ammaan ugu filan inuu yahay Shaafici. Ar-Risaalana waxaa sharaf ugu filan inuu allifay Shaafici. Anigana waxaa faan iigu filan inaan dadka u soo gudbiyo cilmigii Shaafici anigoo dadka xasuusinaya in Shaafici diidi jiray in isaga ama cid kaleba lagu taqliido."*

DHALASHO IYO BARBAARID

Sannadkii boqol iyo kontanaad, bartamihii qarnigii labaad ee taariikhda Hijriga, magaalo yar oo ku taal xeebta Falastiin oo ka mid ahayd gobolkii la oran jiray Shaam ayaa waxaa ku dhashay wiil taariikhda baal dahabi ah ka galay. Wiilkaas wuxuu ku abtirsadaa qabiilka Quraysh oo deegaankooda asliga ah uu ahaa Makkah. Aabbihiis Idriis ayaa ka soo tegay Makkah oo soo degay Ghaza oo ku taal xeebta Falastiin, ahaydna xilligaas magaalo yar, aan sidaasna uga fogeyn Baytul Maqdis kana mid ah Dhulka Barakaysan. Idriis iyo xaaskiisa, Ummu-Xabiiba, oo ahayd haweeney ku abtirsata qabiilka al-Azdi ee reer Yeman, ahaydna haweeney wanaag iyo caqli badnaan ku caan baxday, waxaa u dhashay Muxammad. Isla sannadka uu wiilkaas dhashay waxaa iilka la dhigay oo aakhiro loo gelbiyey caalim aqoon ballaaran iyo taqwo ku caan baxay, ruugcaddaagii fiqiga Imaam Abuu-Xaniifa - laba qof oo taariikhda raad weyn uga tegay ayaa sannadkaas isweydaartay. Muxammad aabbihiis, Idriis, wuxuu geeriyooday wiilkiisa oo laba sano oo keliya jira. Isla xilligaas, Muxammad oo weli laba-jir ah ayaa hooyadiis u soo wareejisay magaalada Casqalaan, oo Ghaza - magaaladay horay u degganaayeen - u jirta lix mayl oo keliya. Ummu-Xabiiba meeshaas wax badan ma aysan joogin oo isla markiiba way ka guurtay. Ummu-Xabiiba waxay xirxiratay alaabteedii, waxay isu diyaarisay safar dheer, waxayna u socdaashay magaalo kun iyo laba boqol oo kiiloomitir wax ka badan u jirta meesha ay ka tagtay. Safar dheer ka dib, waxay soo gashay magaaladii ay u soo socotay, Makkah, oo markaas degaan u ahayd wiilkeeda reerka uu ku abtirsado.

Makkah ayay degaan ka dhigteen, gurigoodana wuxuu ku yaallay xaafadda Shicbul Kheyf ee ku taallay dhinaca hoose ee magaalada wax badanna aan ka fogeyn Kacbada. Ummu-Xabiiba waxay ahayd haweeney caqli badan, taqaan xaqeeda, garteedana naqsan karta. Maalin ayaa ayada iyo haweeney kale looga yeeray maxkamad si kiis markaas taagnaa ay markhaati uga furaan. Xaakimkii maxkamadda ayaa wuxuu damcay in labada haween uu kala qariyo oo marba mid ay markhaatiga furto. "Arrintaas xaq uma lihid xaakimow" ayey Ummu-Xabiiba tiri iyada oo muujinaysa diiddanaanta go'aanka xaakimka. "Maxaa dhacay?" xaakimkii ayaa su'aalay. Markaasay Ummu-Xabiiba u caddaysay xaakimka in labada haween sababta markhaatigooda la isugu lifaaqay ay tahay inay is kaalmaystaan oo haddii lacalla middood tafaasiisha kiiska ay ka marag furayaan illowdo, tan kale ay u xusuusiso. Sidaas ayaa dacwadii lagu qaaday, xaakimkiina wuu ka noqday ra'yigii uu soo jeediyey. Markay Makkah soo dageen, Ummu-Xabiiba waxay wiilkeeda gacanta ka saartay macallin mas'uul ka ah tarbiyadiisa iyo inuu Qur'aanka baro. Muddo yar ka dib dhigashada dugsi Qur'aanka, waxaa muuqatay in wiilku uusan caadi ahayn ee uu ardayda kale ka maskax badan yahay. Muxammad wuxuu bilaabay in casharkiisa Qur'aanka uu deg deg u xafido ka dibna uu ardayda kale ee ay dugsiga wada dhigtaan ka caawiyo akhrinta Qur'aanka. Taasi waxay keentay in macallinka uu gacanyare ama kabiir u noqdo, isla markaasna laga cafiyo lacagtii dugsiga. Arrintaasi waxay noqotay mid culays weyn ka qaadday Ummu-Xabiiba oo ahayd qof sabool ah oo aad uga welwelsanayd bixinta lacagtaas. Muxammad wuxuu durbadiiba xafiday Qur'aanka, isaga oo toddoba sano oo keliya jira, waxaana ka muuqatay himmad weyn inuu cilmiga barashadiisa u qabay, iyo inuu yahay qof Allaah (SWT) uu ku mannaystay caqli aan caadi ahayn.

Waxaa intaas u dheerayd wiilkaas, dugsiga Qur'aanka marka la soo fasaxo, meelahaas ayuu ka soo uruursan jiray wax uu wax ku qorto maadaama uusan haysan dhaqaale uu ku gato qalabka wax lagu qorto. Wuxuu jidka ka sii uruursan jiray hargo, lafo iyo qolofta geedaha markaasuu aadi jiray goobaha lagu daraaseeyo xadiiska Nebi (scw) ka dibna alaabtaas uu soo uruursaday ayuu ku soo qoran jiray. Markii shaygaas uu wax ku qoran jiray buuxsamo wuxuu ku ridan jiray aashuun yaallay gurigooda. Muddo yar ka dib, aashuunkaas wuxuu noqday mid ay ka buuxaan hargo, lafo iyo qolfo ay ku qoran yihiin axaadiista Nebiga (scw). Xiise aan xad lahayn ayuu u qabay barashada xadiiska. Geed sare iyo mid gaabanba wuxuu u fuulay, waddo walba wuxuu u maray, jabad walba wuxuu u xaartay sidii uu ku baran lahaa xadiiska. Sheekha ka dhegeystay ama uu ku dul akhriyey Qur'aanka wuxuu ahaa Ismaaciil ibn Qusdandiin. Ismaaciil wuxuu ahaa qaari' weyn oo reer Makkah oo dhan ay ka dambeeyeen, culumada uu ka soo guuriyey Qur'aanka, Shibil iyo Macruuf, waxaa shiikh u ahaa qaari'ga weyn ee Ibn Kathiir oo asna wax ka bartay Mujaahid, ardaygii Ibn Cabbaas. Ibn Cabbaasna Ubayy ibn Kacab ayuu Qur'aanka ka bartay, Ubayyna Nebiga (scw) ayuu ka bartay.

Wiilka oo weli ku jira sannadkii uu toddoba jirsan lahaa, ayaa waxaa dunida Muslimka ka dhacay dhacdooyin ay ka mid ahayd geeridii caalimkii weynaa ee Shaam al-Imaam al-Awzaaci. Caalimkaas waxa uu joogi jiray magaalada Dimishiq, hase yeeshee wuxuu markii dambe u soo guuray magaalada Beyruut. Dadkii degganaa Dimishiq iyo magaalooyinka deriska la ah waxay ku dhaqmayeen mad-habka imaamkaas ilaa iyo laba qarni iyo labaatan sano muddo lagu qiyaasay. Imaamka oo aan nasiib u helin arday fiqigiisa sii faafisa darteed, waqtigaas ka dib mad-habkiisu wuxuu noqday mid aan sii socon.

Wiilka oo marka horeba ahaa mid caqli badan waxgarashadiisuna sarraysay, haddana barashada Qur'aanka, daraasaynta cilmiga kale, rafaadka uu ku soo koray, ciriiriga uu wax ku soo bartay intuba waxay qayb ka qaateen sii-kobcinta garaadkiisa.

ABTIRSIINYO-WADAAG ... NEBIGA (SCW) IYO WIILKA

Waxaa intaas dheer, Muxammad si gaar ah ayaa loo sharfi jiray maadaama uu ku abtirsanayey qabiilka Quraysh. Magaca buuxa ee wiilka waa Muxammad ibn Idriis ibn al-Cabbaas ibn Cuthmaan ibn Shaafic ibn as-Saa'ib ibn Cubayd ibn Cabdi-Yaziid ibn Haashim ibn al-Muddalib ibn Cabdi-Manaaf. Silsiladdaas taxan ee abtirsiinyaha ah waxaa laga dhirin-dhirin karaa dhowr arrimood. Arrinta koowaad, awoowayaasha saddexaad iyo afaraad Shaafic iyo as-Saa'ib waxay ahaayeen laba saxaabi. As-Saa'ib wuxuu soo islaamay dagaalkii Beder, wuxuu ka mid ahaa ciidamadii mushrikiinta ee dagaalkaas wuxuuna ahaa ninka calanka u siday reer Banii-Haashim. Ka dib markii dagaalkaas lagu qafaashay, as-Saa'ib wuxuu dhiibay lacag madax-furasho ah si loo sii daayo. Markii la sii daayey ayuu soo islaamay. Taasi waxay caddayn u ahayd inuusan cabsi darteed u soo islaamin. Ragga taariikhda saxaabada wax ka qora waxay sheegeen in as-Saa'ib uu muuqaal ahaan u ekaa Nebiga (scw). As-Saa'ib waxay walaalo ahaayeen Cabdullaahi oo isagana ahaa saxaabi. Dhinaca kale, Shaafic oo ahaa wiil uu dhalay as-Saa'ib isagu wuxuu ku barbaaray Islaamnimo. Arrinta labaad ee silsiladda lagala soo bixi karo waxay tahay in wiilku ay abtirsiinyo wadaagaan Nebiga (scw), waxayna ku kulmaan Cabdi-Manaaf oo ahaa aabbihii Haashim, al-Muddalib, Cabdi-Shamsi iyo Nawfal. Nebiga (scw) waa Haashimi oo wuxuu ka farcamay Haashim, wiilkuna waa al-Muddalibi maadaama uu ka soo jeedo al-Muddalib. Sida aan soo sheegnay kana muuqata silsiladda abtirsiinyaha, waxaa wiilka awoow-saddexaad ugu aaddan Shaafic. Arrintaasna waxay noo fasiraysaa magaca nisbada ah ee wiilka marka uu waynaado loogu yeeri doono oo ah *"Shaafici"*.

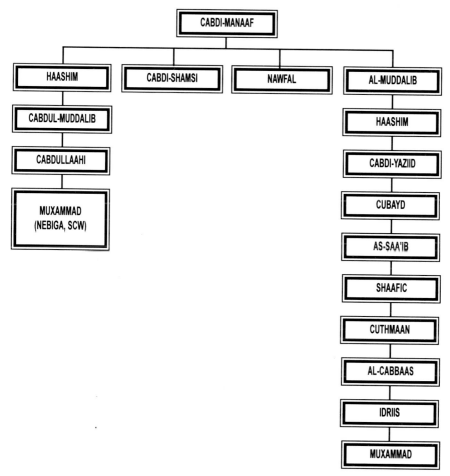

Jaantuska kore wuxuu muujinayaa in wiilka iyo Nebigu (scw) abtirsiinyo wadaagaan. Waxay isugu yimaadaan Cabdi-Manaaf. Sidoo kale waa sammi oo labaduba waa Muxammad. Iska ilaali inaad isku khaladid magacyada isu-eg ee silsiladda abtirsiinyaha kore ka muuqda maxaa yeelay waa magacyo rag kala duwan: Cabdul-Muddalibka silsiladda Nebiga (scw) ku jira waa ka duwan yahay al-Muddalibka ku jira silsiladda wiilka. Sidoo kale Haashimka silsiladda koowaad waa ka duwan yahay Haashimka silsiladda labaad. Nebiga (scw) wuxuu ka tirsadaa Cabdi-Manaaf saddex oday halka wiilku uu ka tirsado sagaal oday maxaa yeelay waxay kala horreeyaan qarni iyo bar ku dhowaad (137 sano).

Taariikhda Hijriga waxaa si rasmi ah markii ugu horreysay u dhaqangeliyey Cumar ibn al-Khaddaab (rc) markuu ahaa hoggaamiyihii khilaafada Islaamiga ah. Hase yeeshee, qofkii u horreeyey oo isticmaala wuxuu ahaa nin saxaabi ah oo degganaa Yeman. Sannadka waa la yaqaannay inuu 12 bilood ka kooban yahay isla markaasna waa la yaqaannay magacyada bilahaas (fiiri Qur'aanka, Suuradda at-Tawbah:36). Hase yeeshee sannadyadu tirsiimo ma lahayn. Saxaabigaas Yeman degganaa waxa uu samaystay kaalandar (nidaam uu taariikhda ku xisaabsado) oo asaga gaar u ahaa oo uu ku xisaabsan jiray sannadka. Tirsiimada sannadkana waxaa laga soo bilaabay Hijradii Nebiga (scw) iyo saxaabadiis ay ka soo haajireen Makkah soona aadeen Madiina. Markii Nebigu (scw) dhintay Hijrada waxaa laga joogay 13 sano, sidaa daraadeed Nebigu (scw) wuxuu dhintay sannadkii 13aad ee taariikhda Hijriga. Inta sano ee u dhaxeysa dhimashada Nebiga (scw) iyo dhalashada Muxammad ibn Idriis oo dhashay sannadkii 150aad ee Hijriga waa 137 sano (150 - 13 = 137 sano)

U BAQOOLIDDII BAADIYAHA

Fahamkiisu ama caqligiisu wuxuu ahaa mid aan caadi ahayn. Kalgacaylka uu u qabay barashada cilmiga iyo ku mamanaanta uu ku mamanaa waxay keentay inuu si gaara u daneeyo barashada taariikhda iyo werinta dhacdooyinka, suugaanta iyo gabayada Carbeed. Wuxuu u baqoolay deegaanka reer Hudayl. Reerkaas wuxuu ahaa qabiil Carbeed oo si teel teel ah u degganaa dhulka u dhaxeeya Makkah, Madiina iyo Daa'if, gaar ahaan dhulka sare ee buuraleyda ah. Lafo ka mid ah qabiilkan, reer Hudayl, waxay degganaayeen baadiyaha ku xeeran Makkah. Qabiilkan waxaa lagu tilmaami jiray inay ahaayeen qabaa'ilka Carbeed kuwa ugu gabay badan. Waxaa lu sheegaa in laf ka mid ah qabiilkan oo toboy qof ahaa ay iyagoo idil ahaayeen dad gabya oo af-maal ah, arrintaasna Hudayl qabiil aan ahayn lagama helin. Gabay-yaqaannadii qabiilkaas waxaa ka mid ahayd haweeney ku caan baxday gabayga. Hudayl waxay calanka u sideen fasaaxada luqada Carabiga iyo gabayada hannaanka quruxda badan loo tiriyo iyo murtida. Waxayna gabyi jireen xilligii Jaahiliga, Islaamka ka hor, iyo waqtigii Islaamku yimidba. Marka la isku daro gabayahannadii qabiilkaas ee joogay waqtigii Jaahiliga iyo waqtigii Islaamka waxaa u afmaalsanaa oo gabayga u badiyey uguna caansanaa Abuu-Du'ayb oo soo gaaray khilaafadii Cuthmaan ibn Caffaan (rc) isla xilligaas ayuu geeriyooday ka dib markii uu raacay duullaan Cabdullaahi ibn Zubayr (rc) uu hoggaaminayey.

Gabayada reer Hudayl waxay guud ahaan la mid yihiin gabayada Carbeed. Gabayadooda waxaa astaan u ahaa fasaaxo iyo balaaqo, murti iyo xikmad, sifaynta bey'ada sida dhulka, buuraha, qafraha, saxaaraha iyo bannaanka, ka warbixinta gaadiidka gabyaagu ku safrayo sida ratiga ama faraska, dulqaadka gaadiidkaas iyo adkeysigiisa, qaabka jirkiisa u samaysan yahay iyo quruxda ka muuqata, xawliga uu ku socdo iyo boodda-dheeridiisa, u adkeysashadiisa harraadka iyo safarka dheer. Haddii gabyaagaas reer guuraaga ah uu soo maro jabad reerkiisu waa hore ka guuray, wuu istaagi jiray wuxuuna tirin jiray gabay uu ku soo xasuusanayo waaya-waayihii uu soo maray, gabadhii uu jeclaa ee ay dariska ahaan jireen iyo maalintii murugada lahayd ee labada reer, reerkiisa iyo reerka gabadhii uu jeclaa, ay kala guureen. Wuxuu gabaygaas uga warbixin jiray sida deegaankii ay degganaan jireen uu isu beddelay, raadka ka haray, dhagxaantii ay wax ku karsan jireen sida ay weli meesha u qotonsan yihiin, dabayshu sida ay u tirtirtay calaamadihii lagu aqoonsan jiray meeshaas. Isdul-taagiddaas jabadkii uu degganaan jiray oo la yiraahdo *"al-wuquuf calal-adlaal"* iyo boroordiiqa noocaas ah wuxuu ka mid ahaa astaamaha lagu aqoonsado guud ahaan gabayga Carbeed gaar ahaanna kan reer Hudayl. Sidoo kale gabyaagu wuxuu gabaygiisa u adeegsan jiray inuu ku heshiisiiyo qabaa'il col ah oo dagaal xiire-xiire ah uu ka dhexeeyo; dhaleecaynta qofka ama kooxda uu la dagaalsan yahay; ka jawaab-celinta gabay loo soo tiriyey; ammaanta qof ama koox; ka warramidda taariikhdii iyo colaadihii la soo maray iyo mawaadiic farabadan oo kala duwan. Ka gabyidda mawaadiicdaas kala duwan waxay tilmaamaysaa ereyada faraha badan ee ragga gabyaa isticmaali jireen iyo sida ay ugu sahlanayd adeegsiga luqada. Waxay ahaayeen rag xarfaan ku ah ku hadlidda luqada Carabiga. Shaacirka Carbeed sida badan gabayga uma fekeri jirin ee markii uu gabay damcaba si toosa ayuu u tirin jiray. Reer Hudayl dhulka ay ku noolaayeen wuxuu badankiisu ahaa dhul sare oo buuralay ah una baahan ad-adayg dheeraad ah. Gabayga Carbeed wuxuu ahaa mid isu miisaaman, qaafiyad iyo erey uu ku hoorsado leh, si gaara ereyadiisa la isugu xiray, macnaha uu gudbinayo uu qurux badan yahay, kooban macna ballaaranse xambaarsan. War iyo dhammaantiis, waa gabyaa hadal ku soo gudbinaya dareenkiisa dhabta ah. Hudayl Jaahiligii iyo xilligii Islaamka marka la isku daro waxay lahaayeen in ka badan afartan gabyaa oo caan ah oo diiwaannada gabayadii ay tiriyeen la soo minguuriyey. Gabayga ka sokow waxay ahaayeen dagaal-yahanno aqoon ballaaran u leh shiishka iyo booddada. Ilaa laga yiri qof kastoo reer Hudayl ka tirsan waa gabyaa ama waa shiishyahan ama wuxuu aqoon u leeyahay booddada.

Muxammad ibn Idriis muddo dheer ayuu dhex joogay reer Hudayl, waxaana caado u ahayd inuu ku noqnoqdo baadiyaha ama miyiga si uu u sii adkeeyo aqoontiisa luqada, gabayga iyo fasaaxada. Wuxuu ka soo dhergay gabayadii Hudayl, ilaa iyo lagu qiyaasay in gabayadii uu ka soo xafiday ay gaaraayeen ilaa iyo toban kun oo tixo gabay ah. Xafidka ka sokowna, Muxammad wuxuu yaqaannay tobonkaas kun macnahooda, icraabtooda naxwaha iyo tafsiirka ereyada adag ee gabayga ku jira. Muxammad wuxuu noqday khabiir aqoon u leh taariikhda iyo gabayga. Gaar ahaan gabayga heer wuxuu ka gaaray uu noqday gabayaa tiriya oo allifa gabayga isagoo yar. Muxammad isaga oo weli dhalin yaro ah ayaa waxaa u soo xeraystay oo cilmiga gabayga ka weriyey qaar ka mid ah khubaradii luqada ee xilligaas. Khabiirkii luqada ee caanka ahaa al-Asmaci wuxuu ka bartay Muxammad diiwaanka gabayada reer Hudayl. Al-Asmaci wuxuu ku xeel dheeraa guud ahaan luqada Carabiga gaar ahaan naxwaha wuxuuna ka mid noqday raggii hormuudka ka noqday madrasadii luqada ee al-Basra. Al-Asmaci waxaa laga weriyey inuu yiri: *"Waxaan diiwaanka gabayada reer Hudayl ku dul akhriyey wiil dhalinyaro ah oo aan Makkah kula kulmay oo la yiraahdo Muxammad ibn Idriis".*

Baadiyaha waxyaalaha uu ka soo faa'iidaystay Muxammad waxaa ka mid ahaa ad- adkaan, geesinnimo, shiishka, taariikhda, murtida iyo waxyaalo kale oo farabadan. Gaar ahaan wuxuu ku mamanaa shiishka fallaarta ama ganidda fallaarta, aad ayuuna u bartay ilaa ay dhacdo inuu noqdo khabiir aan fallaarta yoolkeeda la waayin. Haddii la siiyo toban fallaarood, tobankoodaba waa uu la helayey yoolka. Dhinaca kale, farda-fuulka ayaduna waxay ahayd hiwaayad Muxammad uu aad u jeclaa.

KU SOO NOQOSHADII MAKKAH
IYO SOCDAALKII MADIINA

Noloshii miyiga, dhex-socoshadii qabaa'ilka baadiyaha, ka dhergiddii aqoonta, luqada, naxwaha, gabayga, shiishka, xisaabta, taariikhda; xafidaadda Qur'aanka, barashada xadiiska, oo Muxammad markaas inkastoo da'diisu yarayd, haddana waxaa u muuqday mustaqbal ifaya. Baadiyihii ama miyigii markii uu ka soo dhergay Makkah ayuu ku soo noqday. Magaalada Makkah waxa ay la ciirciiraysay culumo tira badan oo aqoon mawsuuci ah ama ballaaran lagu yaqaannay. Aqoonyahanka Sufyaan ibn Cuyayna waxa uu Masjidka Xaramka, Kacbada, ku lahaa xalqo weyn oo uu ku weriyo axaadiista, *sanad* iyo *matniba*. Muslim ibn Khalid az-Zinji, dhinaca kale, isagana waxaa looga dambeeyay aqoonta fiqiga. Akhayaar ka mid ah reer Makkah markay arkeen Muxammad caqligiisa, aqoontiisa iyo da'diisa oo yar waxay kula taliyeen inuu aqoontiisa uga faa'iideysto barashada fiqiga iyo xadiiska. Muxammad wuxuu tegay xalqadii xadiiska ee Sufyaan ibn Cuyayna uu wax ka akhrin jiray wuxuuna bilaabay inuu si rasmi ah ugu xeraysto barashada xadiiska. Sufyaan, waa shiikha xadiiskee, wuxuu aad ula yaabay caqliga iyo awoodda wiilkaas dhallinyarada ah uu u leeyahay barashada aqoonta, wuxuuna bilaabay inuu ku saacido dalbidda cilmiga.

Muxammad sidoo kale xalqadii lagu baranayay fiqiga ee uu hormuudka ka ahaa faqiihii iyo muftigii magaaladda Makkah Muslim ibn Khalid az-Zinji ayuu daalibul-cilmi ka noqday. Wuxuu guntiga dhiisha isaga dhigay sidii uu fiqiga uga gun gaari lahaa. Muslim, shiikhii fiqiga, muftigii Makkah, hormuudka xalqada fiqiga ee masjidka Xaramka, aad ayuu uga fajacay waxbarashada iyo aqoonta Muxammad. Taasi waxay keentay inuu Muslim u idmo inuu fatwoodo amaba uu ka jawaab-bixiyo masaa'isha fiqiga. Muslim waxa uu ku yiri Muxammad hadal taariikhda galay oo qorayaasha dhacdooyinka taariikhda ay soo min-guuriyeen: *"Waad gaartay heerkii aad ku fatwoon lahayd, hadda kadibna waad bixin kartaa fatwo ama waad*

13

ka jawaab-celin kartaa masaa'isha diinta iyo fiqiga". Taas macnaheedu waxaa weeye Muxammad maantay wuxuu shahaado ka soo qaatay jaamacaddii fiqiga lagu baranayay ee hormuudka uu ka ahaa Muslim. Culumadii kale ee magaalada joogtay ee uu u xeraystay waxaa ka mid ahaa Saciid ibn Saalim al-Qaddaax. Saciid iyo Muslim ama al-Qaddaax iyo az-Zinji labaduba waxay ahaayeen rag nolol ku soo gaaray oo ka soo aflaxay Ibn Jurayj, caalimkii hore ee Makkah. Ibn Jurayjna wuxuu arday u ahaa caalimkii la oran jiray Caddaa oo ahaa arday saxaabigii Ibn Cabbaas (rc) wax ka soo bartay. Sidoo kale, Muxammad ibn Idriis wuxuu wax ka bartay Daawuud ibn Cabdi-Raxmaan al-Caddaar.

Xalqooyinkii ama goobihii cilmiga ee magaalada Makkah waa uu ka dhergay, cilmigii lagu hayayna wuu idleystay. Ijaazadii ama shahaadadii culumada waa uu sitay, hase yeeshee weli wuxuu u oomanaa cilmi-barasho dheeraad ah. Waxaa jirta magaalo aan ka fogeyn Makkah dhinaca waqooyina ka xigta - waa magaalada Madiina. Magaalo, sida ay tilmaameen aqoonyahannadii hore ee daraasayn jiray magaalooyinka, geed-timireed farabadan uu ka baxo, biyo fara badan leh, beeraheeda lagu waraabinayay biyaha ceelasha laga soo saaro. Waxaa ku wareegsanaa teed. Masaajidka Nebiga (scw) wuxuu ku yaallaa bartamaha magaalada. Buurta ugu soo dhow magaalada waa buurta Uxud oo ku taalla waqooyiga magaalada. Duleedka magaalada waxaa ku yaallay tuulada la yiraahdo Qubaa iyo dhul-beereed ay iska lahaayeen dadkii ku noolaa magaalada.

Masaajidka magaalada bartankeeda ku yaal, waa masaajidkii Nebigee (scw), waxaa xalqad ama goob lagu barto cilmiga xadiiska ku lahaa Imaam Maalik ibn Anas. Xalqadaas ardayda wax ka barataa waxay ka kala imaan jireen dacallada adduunka. Laga soo bilaabo Isbayn ama Andalus, waqooyiga Afrika, Masar, Ciraaq ilaa iyo laga gaaro dhulka maantay ah Aasiyada dhexe. Hormuudka xalqadaas Imaam Maalik wuxuu allifay kitaab caan ah oo la yiraahdo al-Muwadda'. Kitaabkaas wuxuu ku soo uruuriyey axaadiis farabadan isla markaasna wuxuu ku dheehay aathaarta saxaabada iyo taabiciinta laga soo min-guuriyey.

Maalik aad ayuu u qadarin jiray xalqadaas uu dadka ku baro xadiiska. Marka uu imaanayo xalqada casharka, wuxuu soo labbisan jiray dhar nadiif ah, wuu isa soo udgin jiray, haybad baa ka muuqan jirtay, hannaan deggan ayuu u fariisan jiray, sharqan iyo dhaqdhaqaaq badan ma jirin. Ardaydu casharkay dhuuxi jireen. Waa qaddarin xadiiska Nebiga (scw) la qaddarinayo, waa ixtiraam masaajidka Nebiga (scw) la ixtiraamayo. Dadka oo dhan, caamo iyo culumo, madax iyo raciyad, waa laga wada haybaysan jiray Maalik.

Muxammad ibn Idriis, waxa uu go'aansaday inuu u anbabaxo magaaladaas una xereysto shiikheeda. Anbabixiisa ka hor, Muxammad ibn Idriis, wuxuu dusha ka qaybay kitaabka laga akhrinayay Madiina ee adduunka looga soo safrayay barashadiisa. Maadaama Imaam Maalik aad u mashquulsanaa, ahaana qof heybad leh oo la ixtiraamo, Muxammad ibn Idriisna aan sidaas looga aqoon magaalada cusub ee uu u safrayo, Muxammad wuxuu u tegay waaligii ama barasaabkii xukumay Makkah, wuxuuna ka codsaday inuu warqad ugu qoro waaliga Madiina. Waa uu ka aqbalay wuuna u qoray warqaddii. Markuu warqaddii helay isla markiiba wuu safray. Safar gaaban ka dib, Muxammad wuxuu soo galay magaalada Madiina, wuxuuna u tegay waaligii ama barasaabkii magaalada xukumay wuxuuna u dhiibay warqaddii ku talinaysay in ardayga cusub loo saamaxo waxbarashada. Waaligii wuu ka cudurdaartay inuu u tago Maalik. Wuxuuna ku yiri Muxammad *"Inaan aniga oo cagacad socod ku tago Makkah ayaa iiga sahlan inaan Imaam Maalik u tago maxaa yeelay Imaamku waa nin laga heybaysto"*. Dood muddo socotay ka dib, waaligii wuu ka noqday cudurdaarkii, asaga iyo Muxammad ibn Idriis waxay isa sii taageen gurigii uu degganaa Imaam Maalik waxayna u dhiibeen warqaddii. Imaam Maalik marka uu akhriyey warqaddii, aad buu u xanaaqay wuxuuna fiiriyey waaligii iyo Muxammad. *"Barashada cilmiga, ma waxay noqotay in waasido loo soo maro"* ayuu yiri Maalik isagoo wejigiisa xanaaq uu la guduutay. Cabbaar ka dib, waaligii wuu iska noqday, ka dib markii Imaamku qaabilay ardaygii cusbaa. *"Waxaan u socday inaan kaa barto kitaabka al-Muwadda'?"* Muxammad ibn Idriis ayaa si aadaab leh uga codsaday Imaam Maalik. *"Soo kaxeyso qof kitaabka kuu akhriya, markaas ka dib ii soo noqo?"* Maalik baa yiri. *"Ka warran haddii aniguba aan akhriyo? Haddii aad akhrintayda ka heshid, waa hagaag. Haddii aadan ka helinna qof ii akhriya ayaan soo wadanayaa?"* Muxammad ibn Idriis baa ku jawaabay.

Maalik oo la yaabban codkarnimada Muxammad iyo dhiirranaantiisa ayaa wuxuu u oggolaaday inuu akhriyo kitaabka. Muxammad ibn Idriis wuxuu akhriyey kitaabkii, wuxuuna u akhriyay si ka yaabisay Imaamka. Markaas laga bilaabo Maalik wuxuu bilaabay inuu u oggolaado Muxammad inuu ka barto al-Muwadda', ahmiyad gaar ahna waa uu siiyey. Wuxuuna u soo jeediyey talooyin wax-ku-ool ah oo saamayn weyn ku yeeshay Muxammad. *"Wiilyahow waxaad u eg tahay qof aan caadi ahayn ee waxaad laasintaa taqwada iyo dhowrsanaanta"* Maalik baa u soo jeediyey Muxammad. Taladaas saamayn muuqata oo la taaban karo ayay ku yeelatay Muxammad. Wuxuu laasimay goobtii ama xalqadii casharka ee imaamka ilaa iyo sannadkii 179 ee Hijriga waqtigaasoo imaamku geeriyooday.

Muxammad ibn Idriis ka sokow, ardaydii ugu caansanayd ee ka aflaxday xalqada Imaam Maalik waxaa ka mid ahaa Yaxya ibn Yaxya al-Leythi, ardaygii ka yimi al-Andalus, ama dhulka maantay loo yaqaan Spain iyo Portugal. Maalin maalmaha ka mid ah iyada oo la fadhiyo goobta casharka waxaa magaalada lagu dhex arkay maroodi iska mushaaxaya oo u soo dhowaaday masaajidka. Ardaydii ayaa kacday oo aaddey albaabkii masaajidka si ay u arkaan xayawaankaas weyn. Hase yeeshee Yaxya ibn Yaxya al-Leythi asagu kama kicin booskii uu fadhiyey. Imaam Maalik oo la yaabban ayaa ku yiri: *"Dhulka aad ka timi lagama yaqaan maroodiga, ee maxaa dhacay oo aad adigana isugu deyi weyday inaad soo aragtid". "Andalus ugama imaan inaan maroodi daawado ee waxaan masaafadaas dheer u soo jaray inaan waxbarto"* ayey noqotay jawaabtii Yaxya. *"Allaylahe, waxaad tahay caaqilkii reer Andalus"* ayuu Maalik yiri. Maalintaas ka dib Yaxya waxaa la oran jiray caaqil. Yaxya ibn Yaxya wuxuu ahaa faqiihii Qurduba (Cordova). Nuskhada uu ku soo min-guursaday kitaabka al-Muwadda' wuxuu ku faafiyey dhulka Isbeyn, maantayna iyada ayaa ah tan ugu fiican ee la isticmaalo. Ardayda kale ee ka aflaxday xalqadaas waxaa ka mid ahaa Asad ibn al-Furaat oo sabab u ahaa diiwaangelinta fiqiga Imaam Maalik. Qoraallo fiqiga ah ee uu lahaa ayaa aasaas u ahaa qoraalka al-Mudawwana, kitaabka caanka ah ee ardaydii deegaankoodu ahaa Afrika ee Maalik wax ka baratay ay ku uruuriyeen fiqiga shiikhooda. Asad wuxuu xaakim arrimaha garsoorka ah ka noqday magaalada al-Qayrawaan ee ku taallay dhulka maantay ah Tuunis. Waxaa intaas dheer, Asad wuxuu waa dambe furtay jaziiradda ama dhul-badeedka la yiraahdo Siqliyya (Sicily, Sijiilyo) oo maantay ka tirsan Talyaaniga, marin yar ayaa u dhaxeeya jaziiradda iyo barriga Talyaaniga.

Muxammad ibn Idriis intii Madiina uu joogay kuma uusan ekeysan inuu cilmiga ka barto Maalik oo kaliya, hase yeeshee culumadii kale ee magaalada joogtay ayagana wuu ka faa'iideystay. Shuyuukhda uu ka faa'iideystay waxaa ka mid ahaa Ibraahiim ibn Sacad al-Ansaari, Cabdul-Caziiz ibn Muxammad ad-Daraawardi iyo Muxammad ibn Saciid ibn Abii-Fudayk. Waqtigii Imaam Maalik geeriyooday, Muxammad wuxuu ahaa 29 jir. Waxaa u kordhay da', waaya aragnimo iyo aqoon ballaaran. Wuxuu markaan u baahnaa inuu cilmigii faraha badnaa ee uu soo uruuriyey sii gudbiyo isla markaasna uu sameysto il dhaqaale uu ka soo galo si uu noloshiisa u debbero.

KA SHAQAYNTII YEMAN IYO SHIRQOOLKII
SABABAY MIXNADII ADKAYD

Caasimaddii xilligaas ee Islaamka looga talinayey, Baqdaad, waxaa ka yimi dhambaal deg deg ah oo culumadii gobolka Xijaaz joogtay shiikh ka mid ah loogu magacaabay inuu garsoore ama qaaddi ka noqdo gobolka Yeman. Muscab ibn Cabdillaahi al-Qurashi ayuu ahaa caalimka jagadaas weyn loo soo magacaabay. Muscab wuxuu aqoon iyo khibradba u lahaa arrimaha la xiriira garsoorka, maxkamadaha iyo caddaaladda. Muscab wuxuu u soo jeediyey Muxammad inuu gacanyare u noqdo oo uu u raaco Yeman. Muxammad, aqbalaad ka dib, wuxuu Muscab u raacay Yeman wuxuuna bilaabay inuu noqdo garsoore ama qaaddi. Hawsha garsoorka wuxuu u qaban jiray si hufan, eex ma aqoon, wuuna iska ilaalin jiray in dadku ay saamayn ku yeeshaan habka uu u garnaqayo ama uu caddaaladda u fulinayo. Markii loo bogay shaqa-wanaagiisa, Muxammad waa la dallacsiiyay oo waxaa mas'uul looga dhigay shaqo intii hore ka badan. Bisha Rajab marka la gaaray, qaar ka mid ah shaqaalihii Yeman ka shaqaynayay ayaa fasax ku tegay Makkah waxayna dadkii magaalada uga warrameen hawl-karnimada Muxammad iyo sida uu uga soo baxay shaqadiisa. Taasi waxay sababtay in Muxammad looga sheekaysto fagaarayaashii Makkah uuna noqdo qof caan ah.

Muxammad markii uu muddo ku maqnaa Yeman, wuxuu soo qaatay fasax si uu u soo booqdo Makkah. Wuxuu soo galay magaalada oo sheekadiisu ay ka sii horreyso caanna uu ka yahay. Inta uu joogay Makkah, maalin ayuu la kulmay nin shiikh ah oo waagii hore uu xalqadiisa tegi jiray. Shiikhii oo si kulul u hadlaya ayaa ku canaantay Muxammad shaqada uu ku mashquulay. Muxammad lama dhicin usluubka noocaas ah ee shiikhu isticmaalay. Arrintu si kastaba ha ahaatee, markii uu cabbaar la joogay sheekha wuu ka tegay. Wuxuu kaloo la kulmay caalimkii waynaa ee xadiiska Sufyaan ibn Cuyayna. Muxammad wuxuu si xushmad ay ku jirto u salaamay Sufyaan oo uu horay xadiiska uga baran jiray. Sufyaan salaantii ayuu ka jawaabay, si wanaagsan ayuuna u soo dhaweeyay Muxammad, ka dibna wuxuu ku yiri: *"Waan ka warhelay mas'uuliyadda aad qabatay, waana maqlay wanaaga lagaa sheegay."* Erayadaas qabow, Sufyaan wuxuu ku muujiyay inuu ka warqabo wanaagga Muxammad uu sameeyay. Taas oo gogoldhig u ahayd waanada Sufyaan uu damacsanaa inuu Muxammad ibn Idriis u soo jeediyo. Sufyaan wuxuu jeclaa in Muxammad cilmiga uusan ka mashquulin isla markaasna wuxuu dareensanaa mas'uuliyaddu mar walba inay khatar wadato. Sufyaan oo hadalkii sii wada ayaa yiri: *"[Inkastoo wanaag aad samaysay] Haddana ma aadan gudan dhammaan xaqii Allaah (SWT) kugu lahaa. Waxaana kugula talin lahaa inaad iska daysid shaqadaas"*. Talada usluubka wanaagsan ku dheehan ee khabiirka xadiiska uu soo jeediyay waxay noqotay mid Muxammad qalbiga ka degta.

Arrintu si kastaba ha ahaatee, Muxammad waxaa la gaaray waqtigii uu Yeman u noqon lahaa. Wuxuu ku noqday Yeman shaqadiisii ayuuna meesheedii ka sii waday. Sida aan soo xusnay, Muxammad waxaa caado u ahayd markii uu Yeman muddo ku maqnaado inuu booqasho gaaban ku yimaado Makkah. Booqashooyinkiisa uu ku imaanayay qaarkood waxay ku soo beegmeen xilli Muxammad uu lacag fiican soo shaqaystay. Waxaa la sheegaa in Muxammad xilli asaga oo wata kumanaan Diinaar uu booqasho u soo aaday Makkah. Muxammad oo ah qof lagu yaqaan deegsinimo iyo gacan furraan, ma uusan illaawin ehalladii iyo saaxiibadii uu uga soo tegay Makkah. Wuxuu teendho ka dhistay magaalada Makkah bannaankeeda meeshaasoo uu ku qaabilay dadkii ehallada iyo macaarifta ay ahaayeen. Isla goobtaas wuxuu Muxammad ku qaybiyay lacagtii faraha badnayd ee uu watay. Ilaa ay ka wada dhammaatay lacagtii dahabka ahayd ee uu haystay. Taasina waxay si cad u iftiiminaysaa akhlaaqda wanaagsan ee uu lahaa iyo deeqsinimadiisa.

Muddadii Muxammad uu joogay Yeman kuma uusan mashquulin oo keliya shaqada dawladda, ee hase yeeshee marka uu firaaqo helaba wuxuu u tegi jiray culumadii Yeman joogtay. Kuwaasoo qaarkood arkay cilmigana ka soo bartay labadii caalim ee Layth ibn Sacad oo ahaa caalimkii Masar iyo al-Awzaaci caalimkii gobolka Shaam. Al-Awzaaci waa caalimkaan horay u soo sheegnay inuu geeriyooday Muxammad oo weli wiil yar ah. Caalimka kale, Layth ibn Sacad, wuxuu ahaa nin isagana aqoon ballaaran iyo fiqi farabadan laga dhaxlay. Taariikhyahanka Ibn Kathiir oo shiikhaas ka warramaya wuxuu yiri: *"Sannadkaas [175] waxaa akhyaartii geeriyootay ka mid ahaa Layth ibn Sacad ... oo shaki la'aan ahaa imaamkii Masar. Wuxuu ku dhashay Masar sannadku markuu ahaa 94, isla meeshaas ayuuna ku barbaaray. Wuxuu geeriyooday bishii Shacbaan ... Waxaa la sheegay in sannad walba dakhliga ka soo geli jiray hantidiisa uu gaarayay shan kun oo Diinaar ... Saasoo ay tahayna weligiis Zeko kuma waajibin [illeen wixii soo galaba horay ayuu ka sadaqaysan jiraye]. Wuxuu calanka u siday aqoonta xadiiska, fiqiga iyo luqada Carabiga ... Mar uu soo xajiyay, imaam Maalik ayaa u keenay weel timirta rudabka la yiraahdo ay ka buuxdo oo hadiyad ah. Wuxuu soo celiyay weelkii, oo ay ku jirto lacag dhan kun Diinaar. Waxaa dhacaysay inuu marar culumada saaxiibadiis ah uu hadiyad ahaan u siiyo kun Diinaar iyo wax la mid ah. Marka asaga oo asxaabitiisu ay la socdaan uu aado magaaladda Aleksandariya, waxay qaadan jireen laba markab midna ayaga ayaa fuuli jiray kan kalena raashinka ayaa loogu karin jiray. [Shiikhaas] taariikhdiisa wanaagsan aad bay u dheer tahay".* Muxammad wuxuu dareensanaa in cilmiga labadaas caalim ay ka tageen uu u baahan yahay aad ayuuna isugu mashquuliyay inuu barto ilaa uu ka weeleeyay. Taasina waxay noqon kartaa mid noo ifisa sababaha Muxammad uu u danaynayay joogidda Yeman. Sidoo kale wuxuu kaloo si fiican u daraaseeyay cilmiga *Dibbiga* (Dhakhtarnimada, Daaweynta) iyo cilmiga la yiraahdo al-*Firaasa* oo ah qofka dabeecaddiisa in laga qiyaaso sida muuqaalkiisu u eg yahay.

Booqashooyinkii uu ku tegi jiray Makkah mid ka mid ah marka uu ka soo noqday ee uu yimi Yeman, waxa uu mas'uul ka noqday Najraan oo Yeman ka tirsanayd. Beesha meeshaas degan waxaa u waynaa reer Banuu-Xaarith qabiil la yiraahdo. Dadka meeshaas degganna waxaa caado u ahayd inay xiriiriyaan ninka madaxda ah ee cusub ee magaalada loo soo magacaabo. Hase yeeshee Muxammad si adag ayuu u diiday inuu soo dhaweeyo dhaqankaas oo uu u arkayey inuu khilaafsan yahay nidaamka caddaaladda ee Islaamka. Muxammad wuxuu ku caan baxay caddaalad, isku-si-u-tixgelinta dhibbanaha ama muddaciga iyo eedeysanaha inta maxkamadda la qaadayo iyo in si cad loogu qaado dembiga marka eedeysanaha uu dembiga ku caddaado. Wuxuu aad uga foojignaan jiray markhaati-beenaalayaasha iyo masabidka qof aan dembi gelin iyada oo loo soo allifaayo dacwo loona soo diyaarinayo markhaatiyaal dhuuni-raacyo ah.

Marka Muxammad uu si fiican u bilaabay hawshiisa, dad badan ayaa kiisas dacwa ah oo tirabadan u soo gudbistay. Muxammad oo si fiican ula socday dhaqanka dadka, yaqaannayna habka garsoorka Islaamiga ah u shaqeeyo, wuxuu bilaabay inuu samaysto nidaam uu ku xaqiijinayo fulinta caddaaladda. Hor iyo horraantiiba waxa uu sameeyay hab uu ku hubinayo markhaatiyaasha. Dadkii ayuu wuxuu u sheegay inay iska soo xulaan toddoba qofood oo caddaalad lagu yaqaan oo ay ku wada kalsoon yihiin. Toddobadaas qof, muhimmadda loo xilsaaray waxay ahayd in ay dadka markhaatiga ah taskiyeeyaan. Qofkii ay qiraan inuu caadil yahay, markhaatiga uu furo wuxuu ahaa mid maxkamaddu ay aqbalaysay. Qofkii ay duraan caddaaladiisana markhaatiguusu wuxuu ahaa mid aan wax ka soo qaad lahayn. Markii toddobadii la isku waafaqay, Muxammad ibn Idriis kiisaskii dacwada ayuu mid mid u bilaabay. Dhibbanayaashii ama dadkii muddaciga ahaa ee dacwada qabay dhibkana sheeganayay ayuu mid mid ugu yeeray, wuxuuna ka codsaday inay dacwadooda soo gudbistaan markhaatiyaashoodana u yeertaan, toddobadii ahayd guddiga taskiyadana wuxuu fariisiyay hareerihiisa. Markii markhaati loo yeeraba, Muxammad wuxuu waydiinayay toddobada hareerihiisa fadhida inay ka warbixiyaan markhaatigaas. Haddii ay sheegaan inuu caadil yahay markhaatiga uu furo wuxuu noqonayay mid la aqbalo. Haddii ay ku sheegaan inuusan ahayn mid caadil ah, Muxammad muddaciga ayuu wuxuu u sheegayay inuu markhaati kale keensado. Marka uu dacwa kasta sidaas u dhageysto oo uu arrinteeda si garsoor uu ku jiro u qaado, wuxuu ku dhawaaqayay xukunka kiis walba, ka dibna xukun kasta oo uu sameeyaba wuu qorayay. Sidaas ayuu ku dhammeeyay kiisaskii, dadkii wax tabanayayna arrintoodii wuu wada xalliyay. Mar ayaa waxaa dhacday in Muxammad ibn Idriis uu eedaysanayaal ku xukumay inay hantida ay hayaan ayan ayagu lahayn ee ay tahay inay soo celiyaan. Eedaysanayaashii ayaa waxa ay ku doodeen in hantida ayan ayagu lahayn laakiinse uu leeyahay oo ay u hayaan Mansuur ibn al-Mahdi oo maqan. Muxammad ibn Idriis wuxuu ku amray karraanigii maxkamadda wax u qorayay inuu xukunka maxkamadda sidaan u qoro: *"Hebel oo ina hebel ah, oo ah qofka uu ku dhacay xukunka warqaddan ku yaal, wuxuu qiray in hantida lagu soo dacweeyay uusan asaga lahayn ee uu leeyahay Mansuur ibn al-Mahdi. Mansuur ibn al-Mahdina waxaa wax loogu qaybinayaa hadba xujada uu keensado."*

Xuquuqdii dadkii dhibbanaa uu u soo celiyay iyo caddaaladdii uu dhaqangeliyay waxay keentay in Muxammad ibn Idriis uu yeesho cadow iyo dad farabadan oo eed iyo dembi u raadinaya. Kooxdii ay dhibtay caddaaladda Muxammad, waxay soo farsameeyeen *"mu'aamarad"* cusub. Waxay xaruntii dhexe ama caasimaddii Islaamka iyo hoggaamiyihii Muslimiinta waqtigaas, Haaruun ar-Rashiid, u soo gudbiyeen dacwad ku wajahan Muxammad oo lagu eedeynayo inuu rabo inuu mijaxaabiyo dawladda Islaamka. Waxaa Haaruun loo sheegay in Yeman uu joogo nin hadalka afkiisa ka soo baxa uu ka daran yahay seefta wax goysa. Nin fasaaxad badan oo leexsan kara dad farabadan ujeedadiisuna ay tahay khilaafo-dumis. Waxaa lagu eedeeyay inuu ku lug xirtay kooxo nacayb-qabyaaladeed u qaba Haaruun. Muxammad ibn Idriis waxaa lagu soo eedeeyay wax uusan shaqo ku lahayn. Hase yeeshee Haaruun ar-Rashiid dacwadaas marka ay gaartay aad buu u welwelay waana uu rumeystay. Taasi waxay keentay inuu ku amro barasaabkii Yeman in Muxammad oo silsilado bir ah ku jeebbaysan loo soo safriyo Baqdaad.

CASRIGAAS IYO RAGGII NOOLAA

Xilligan waxaa u talinayay Muslimiinta oo majaraha xukunka khilaafada hayay Haaruun ar-Rashiid. Haaruun wuxuu ahaa shaqsi ku caan baxay geesinimo, waxaana hoos imaanayay maamulka Khilaafadii Islaamka oo ka koobnayd dhulbaaxad weyn oo caalami ah. Waa khaliifkii, maalin daruur roob ah ay Baqdaad ka curatay hase yeeshee daruurtii ayan di'in magaaladiina ay gudubtay, laga sheegay inuu yiri kelimad tusaysa baaxadda dhulka Islaamku ka taliyo: *"Daruuryahay meel kastoo aad adduunka uga da'did, dalagga roobkaaga ka beerma zakadiisa waa la ii keeni"*. Waa dawlad wayn. Roobku xitaa haddii dhul fog uu ku do'o, zakada naqa uu roobkaas soo saaro waxay ka mid noqonaysay dakhliga dawladda waxaana lagu soo shubayay Baytul Maalka. Dawladda Haaruun waxay guulo waaweyn ka soo hoysay dagaalkii ay iskula jireen iyada iyo imbaraadooriyaddii Biizentaaynka. Dhulka Islaamka badidiisu waa xasilloonaa marka laga reebo goobo fara ku tiris ah oo ay kacdoomo ka jireen sida Yeman. Caasimadda oo ah Baqdaad waxay ahayd magaalo naqshad gaara lagu dhisay. Magaalada waxaa la dhisayey dhowr sano waxaana dhismaheeda gacanta laga qaaday sanad ka hor dhalashada Muxammad ibn Idriis. Hoggaamiye horay madax uga ahaa khilaafada ee la oran jiray al-Mansuur ayuu ahaa ninkii magaalada dhisay. Bilicda, ilbaxnimada, reer magaalnimada ka sokow, Baqdaad waxay ahayd rugta cilmiga - cilmi adduun iyo mid aakhiraba.

Khaliifka Muslimiinta Haaruun ar-Rashiid wuxuu ahaa nin aqoon leh, yaqaanna gabayada, jecel culumada iyo ardayda xiiseynaysa barashada cilmiga. Wuxuu ahaa hoggaamiye xikmad iyo siyaasad-wanaag lagu bartay. Aad ayuu uga danqan jiray waxyeelleynta iyo dhibaataynta raciyaddiisa. Mararka qaarkood, si uu ugu kuurgalo wadciga bulshada, wuxuu samayn jiray habeenkii marka qorraxdu dhacdo ayuu intuu isa soo qariyo, labiskii lagu yaqaannay soo bedesho, soo dhex xuli jiray dadka. Wuxuuna imaan jiray waddooyinka iyo fagaarayaasha wax lagu kala iibsado. Wuxuu soo dhegeysan jiray cabashada dadka, soo dhegadhegeyn jiray waxyaalaha ay dadku ka tabanayaan saraakiisha dawladda u shaqeysa. Wixii khalad ah oo jira waa sixi jiray haddii dadka cataw uu ka muuqdo. Wuuna farxi jiray haddii uu arko dadku inay maqsuud yihiin. Xilligii uu maamulka hayey wuxuu ahaa xilli xasillooni iyo nabad ay jirto. Taasi waxa ay keentay in cilmigu kobco. Muslimiintu waxay ahaayeen kuwii calanka u siday cilmiga sayniska iyo farsamada ama teknoolajiyada. Waxay si gaara u kobciyeen cilmiga xisaabta iyo xiddigiska. Dhinaca kale, waddamada kale ee dunida horumarkaas ma aysan gaarin, qaarkoodna sida dhulka maantay Yurub la yiraahdo oo kale, marka laga reebo qaybaha Muslimiintu ay degganaayeen, waxay ku jireen xilligi mugdiga. Waxaa la sheegaa in Haaruun ar-Rashiid uu hadiyad u diray Imbaraadoorkii la oran jiray Charlemagne, Shaa-le-mayn (Charles the Great) oo ahaa boqorkii qabaa'ilkii Faranjiga (Franks) ee ka talin jiray dhulka maantay ah waqooyiga Yurub. Hadiyaddaas waxaa ka mid ahaa saacad. Saacaddaas waxay ahayd mid si sare loo farsameeyey. Marka waqti la gaarana digniin dhawaaq ah ayey bixinaysay - arrintaas oo ka yaabisay imbaraadoorka iyo raggiisa. Waxaa la sheegaa inay u muuqato in imbaraadoorku saacadda uu ku sharxay qasrigiisii ku yaallay magaalada Aachen (Aakhan) oo maantay ku taalla galbeedka Jarmalka, meel u dhow xuduudda uu la leeyahay Belgium.

Ragga casrigan noolaa waxaa ka mid ahaa ninkii la oran jiray al-Khuwaarazmi, hormuudkii cilmiga xisaabta ee Aljabrada, guud ahaanna aqoon u lahaa culuumtii kale ee adduunka. Kitaabkii weynaa ee uu qoray al-Khuwaarazmi, ee la oran jiray *"Xisaab al-Jabr wa al-Muqaabala"* (oo macnahiisa-xarfiga ah yahay *Cilmiga Xisaabta ee Kabidda iyo Isbarbardhigidda)* wuxuu ahaa kitaab caan ah oo ka hadlayay cilmiga xisaabta. Cinwaanka kitaabkaas ereyga ku jira "al-Jabr" ayaa laga keenay magaca loo yaqaan xisaabta Aljabrada *(Algebra)*. Qoralladii uu sameeyey waxay aasaas u noqdeen barashada iyo horumarinta cilmiga xisaabta. Sidoo kale erayga *'Algorithm'* waxa uu ka soo jeedaa magaca al-Khuwaarazmi oo afka

Laatiinka ah lagu qoray. Waxaa xusid gaara mudan kana tarjumaysa wacyiga Muslimiinta sababta ku kalliftay al-Khuwaarazmi inuu hindiso xisaabta Aljabrada. Markuu xisaabtan ku hawlanaa waxay ujeeddadiisu ahayd inuu helo hab ama waddo uu ku xalliyo masaa'isha adag ee cilmiga dhaxalka *(cilmiga Faraa'idka),* kala saaridda ganacsatada ku muransan saamiyada ganacsi oo ay shirkadda ku yihiin iwm. Kiisaska muranka lacagta ganacsi waxaa aalaaba la hor keeni jiray maxkamadda si loo xaliyo. Caalimkii la oran jiray Ibn Taymiyya wuxuu sheegay in al-Khuwaarazmi uu ahaa qofkii ugu horreeyey ee xisaabta Aljabrada u adeegsada furdaaminta masaa'isha ku tacaluqda qaybinta dhaxalka. Wuxuu kaloo Ibn Taymiyya uu sheegay in xisaabta Aljabradu ay tahay xisaab dawri ah - haddii tiro la og yahay sidee loo heli karaa tirada maqan. Ibn Taymiyya wuxuu ku nuuxnuuxsaday in culumada fiqiga, waqtiyada ay firaaqada yihiin, ay isku mashquulin jireen cilmiga xisaabta iyo handasada oo uu ku tilmaamey inay yihiin culuum sax ah oo aan khalad ku jirin. Isla xilligan raggii noolaa waxaa ka mid ahaa aabbihii cilmiga Kimistariga, Jaabir ibn al-Xayyaan, oo si qeyru caadi ah ugu mashquulsanaa tijaabooyinka kiimikeed, isku daridda milano kala duwan iyo u kuurgalidda natiijooyinka ka soo baxa baaritaannadaas uu hayo. Wuxuu ku lahaa magaaladii uu degganaa sheybaar ama macmal *(labarotary).* Labaratoorigaas oo ahaa mid guur-guura *(mobile)* wuxuu u adeegsan jiray tijaabooyinka kiimikeed. Waxaa waagaas jirtay fikrad la isla dhex xuli jiray oo oraneysay inay suurtagal tahay in walxaha caadiga ah sida birta oo kale loo bedeli karo oo laga dhigi karo dahab. Fikradahaas waxaa loo tiirin jirey ragga oddorasa cilmiga kiimikada sida Jaabir. Fikraddaas waa dambe ayay waxay u soo gudubtay Yurub, waxaana la sheegaa inay ahayd arrintii ku dhiirrigelisay Isaaq Niyuutonkii Kaambirij, Ingiriiska, inuu si gaara u daneeyo cilmiga sayniska. Taasina waxay muujinaysaa abaalka saynisyahannadii Musliimintu ay ku lahaayeen racii waagii dambe u kacay reer Yurub. Arrimaha ka yaabiyey dadka oddorasa taariikhda waxaa ka mid ah in Isaaq Niyuuton uu ku gacan sayray caqiidadii saddexleyda *"Trinity"* ee kirishtaanka uuna aamminsanaa wax saddex ilaah la yiraahdo ineysan jirin. Buugaagtii uu qoray Jaabir oo xambaarsanaa guud ahaan cilmiga kimistariga, gaar ahaanna hababka loo sameeyo tijaabooyinka, iyagana waxay waa dambe u soo gudbeen Yurub waxaana lagu tarjumay luqada Laatiinka. Jaabir aqoontiisu kuma koobnayn kimistariga oo keliya, culuum kale oo farabadan ayuuna aqoon u lahaa.

Cilmiga la xiriira arrimaha adduunka waxa uu la hanaqaaday bilawgii jiritaanka aadanaha. Allaah (SWT) markii uu abuuray Nebi Aadam (scw) waxa uu baray shey walba magaca uu leeyahay (fiiri Suuradda al-Baqarah:31). Meeshaas ayay aqoonta ka soo bilaabatay bani aadankuna waa uu iska soo dhaxlayey. Bani aadanku mar walba oo uu daraasad ku sameeyo dunida uu ku nool yahay waxaa u kordhayay aqoon. Wuxuu cilmigu marba heer soo maro waxa uu soo gaaray heerka maantay uu joogo. Sidoo kale markii in muddaa la joogaba Allaah (SWT) rusul kala duwan ayuu soo dirayay. Rusushaasna cilmiga aakhiro ka sokow, cilmiga adduunyadana waa laga faa'iideysan jiray. Tusaale ahaan, Qur'aanku waxa uu sheegay rusul taqaannay farsamada iyo teknoolojiyada. Nebi Daawuud (cs) wuxuu aqoon u lahaa oo la baray samaynta canbuur-bireedka (armour) dagaalka, iyo hannaanka xeesha dheer ee la isu geliyo silsiladda goobada ah ee canbuurradaas, waxaana intaas u dheereyd in loo sahlay ama loo jilciyey birta. Nebi Suleymaan (cs) isagana waxaa loo sahlay dabaylaha. Dhinaca kale Nebi Nuux (cs) wuxuu aqoon u lahaa cilmiga najaarnimada iyo samaynta doomaha. Bani aadankana guud ahaan waxaa soo maray ummado kala duwan oo aqoon u lahaa qaybaha kala duwan ee aqoonta adduunyada. Sida tusaale ahaan reer Thamuud oo si xirfadi ay ku jirto buuraha intay qoraan ka dhisan jiray guryo. Ummad walba waxaa loo soo diray rasuul, waxaana dhab ah rusushaas inay ka tageen cilmi dhaxalgal noqday. Sidoo kale Qur'aanku waxa uu sheegay Dul-Qarnayn iyo safarradii uu ku kala bixin jiray dacallada adduunka. Diinta anbiyada oo dhan waxay ahayd Islaam, dadkii rumeeyayna waxay ahaayeen Muslimiin. Islaamka noocaas ah waxaa lagu tilmaamaa Islaam caam ah. Waa dhacdaa, si gaar ah Islaam in loogu magacaabo shareecadii Nebiga (scw) uu la yimi ee u dambeysay iyo ummaddii Muslimiinta ahayd ee rumaysay. Waxaana loola jeedaa Islaamka Khaaska ah.

Muslimiintii raacday Nebiga (scw) marka ay hanaqaadeen waxaa adduunka ka jiray cilmi saynis oo aadanuhu iska soo dhaxlayey muddo dheer. Muslimiintu cilmiga noocaas ah way daraaseeyeen, way kala shaandheeyeen, ka dibna waxay bilaabeen inay cilmigaas sii horumariyaan. Taasi waxay keentay inay hormuud ka noqdaan cilmiga sayniska. Waxaana jiray qarniyo isku xiga oo cilmiga noocaas ah ayaga oo keliya lagu yaqaannay. Waxay noqdeen macallimiinta cilmiga sayniska iyo teknoolajiyada u soo gudbiyey dunida inteeda kale. Ummadda nasiibka ugu weyn u heshay inay arday Muslimiinta u noqoto waxay ahayd ummadii ku noolayd dhulka maantay loo yaqaan Yurub. Islaamka iyo Muslimiinta si weyn ayay u qaabeeyeen qaaraddaan, balse waxay taariikhyahannadu sheegaan in Islaamka la'aantiis wax la yiraahdo Yurub ayan jirteen. Guulihii Musiimiintu ay ka soo hooyeen dagaaladdii ay kula jireen Imbaraadooriyaddii Roomaanka waxay keentay in raggii haystay diinta Nasaarada ay dib-u-gurasho sameeyaan oo ay ku soo ururaan dhulka maantay loo yaqaan Yurub. Intaas waxaa dheer, Muslimiinta ayaa sabab u ahaa ilbaxnimada Yurub. Qaaradda maantay Yurub la yiraahdo, marka laga reebo koonfurteeda oo ay Muslimiintu ka talinayeen, waxay soo martay kun sano ama toban qarni oo ay u yaqaannaan Xilliyadii Mugdiga (Dark Ages). Koonfurta qaaradda, sida Portugal iyo Spain, Sicily iyo qayb ka mid ah dhulka Talyaaniga gudihiisa, waxaa ka jiray iftiin iyo ilbaxnimo ummadaha kale ay u hanqaltaagi jireen. Labada kaabadood, Spain iyo Sicily, ayay ahayd meesha ilbaxnimadu ay uga soo tallawday qaaradda inteeda kale. Deegaannadaas Muslimiintii joogtay waxay calanka u sideen ilbaxnimadii iyo xadaaradii xilligaas jirtay. Saamaynta ay Muslimiintu ay ku yeesheen ummadihii degganaa Yurub inteeda kale waxay gaartay heer ay dhallinyaradii xilligaas ay ku taami jireen inay bartaan luqada Af Carabiga oo ahayd luqada cilmiga. Taasi waxay keentay dhallinyaradii aqoonyahannada ahaa inay ka haajireen barashada luqadii Laatiinka ayna isku mashquuliyaan barashada Af Carabiga. Si joogto ah waxay u gadan jireen buugaagta cilmiga ee Af Carabiga ku qoran. Arrintaasi waxay ku qasabtay baadarigii kaniisadda ee Seville, Spain, in Baaybalka (Bible) uu ku tarjumo Afka Carabiga. Sababtuna waxay ahayd dhallinyaradii Baaybalka ku akhrisan jirtay Laatiinka oo ka haajirtay luqadii Laatiinka, faashanna ay ka dhigteen ku hadlidda Carabiga. Baadariguna dhallinyaradaas ayuu rabay inuu Baaybalka oo Af Carabi ku qoran ka daba keeno. Qoraa haystay diinta Nasaarada oo waqtigaas joogay ayaa sameeyey qoraalkan calaacalku ka muuqdo:

Aawaye dadkii caadiga ahaa ee afka Laatiinka ku akhrisan jiray Baaybalka? ... dhallinyarada aqoonta leh ee Kirishtaanka, waxay wax ku bartaan afka Carabiga; waxay soo gataan oo guryaha u yaal maktabado akhris oo waaweyn. Waxay yasaan oo eeyan haba yaraatee wax qiima ah u yeelin qoraallada Kirishtaanka. Waxay halmaameen luqaddoodii. Haddii la helo hal qof oo warqad ku qori kara afka Laatiinka, waxaa la helayaa kun qof oo si fasaaxad leh ugu hadli kara af Carabiga.

Badanaa oo badanaa … waxyaalaha reer Yurub ay ka faa'iideysteen Muslimiinta.

Badanaa oo badanaa … magacyadii caanka ahaa ee Muslimiinta.

Badanaa … oo badanaa ….

Xisaabta, diplomacy, astronomy, intellectual methods, algebra, tirada eber, Ibn al-Haitham, physics, city planning, cipher, dictionaries, cilmiga tijaabada, zero, coffee, lemon, 123456789, Arabic numerals, sociology, chemistry, laboratory tools, history analysis, Ibn Khalduun, Averos … ibn Siinaa, Gibraltar ... Jabalu Taariq, algorithim … al-khuwaarazmi, Geber ... Jaabir, law, military, arsenal ... daarus-sanaaca, tolerance, maps, geography, Razes ... Raazi, Ibn Batuuta, Zheng He, badmareenkii Muslimka ahaa ee Shiinaha, trigonometry, spherical geometry, hospitals, surgical tools, encyclopaedias, irrigational tools, calculation of direction, maababka, understanding human body, Ibn Nafiis, circulation of blood, universities, meertada dhirta, Albucassis … az-Zahraawi, surgery, al-Jazari, mechanical engineering, wareegga dhiigga, horumarinta warqadda, paper industry, jaamacadda al-Azhar … iwm.

Raggii la yaabka lahaa ee xilligii Haaruun ar-Rashiid noolaa waxaa ka mid ahaa caalimkii weynaa Cabdullaahi ibn Mubaarak. Sida caalimka taariikhyahanka weyn ah ee la yiraahdo Ibn Kathiir uu sheegay, Ibn Mubaarak wuxuu ku sifaysnaa xifdi badni, fiqi aqoon, Carabi wanaag, xalaal miirasho, geesinimo iyo gabay aqoon. Wuxuu allifay kutub wanaagsan, wuxuu tiriyey gabay wanaagsan oo sita murti, wuxuu ahaa nin duullaanada jihaadka ah ee uu ka qaybgalay iyo xajkiisuba ay badnaayeen. Lacagtiisa ra'sumaalka ah ee uu haystay waxaa lagu qiyaasay 400,000 oo lacagtii xilligaas la isticmaali jiray ah. Hantidaas waa uu ku ganacsan jiray, wuxuu ku wareegi jiray magaalooyinka kala duwan, haddii uu la kulmo caalim samafal ayuu u samayn jiray. Ribixa ama faa'iidada uu ka helo ganacsigiisa sannadkii waxaa lagu qiyaasay 100,000 oo uu dhammaanteed ku bixin jiray taakulaynta dadka, gaar ahaan kuwa ku mashquulsan cibaadada, zuhdiga iyo cilmiga. Mararka qaarkood waxaa dhacaysay lacagta raasumaalka u ah inuu sadaqeysan jiray. Raggii culumada ahaa ee waqtigiisa joogay xaalkiisa way la cajabeen ilaa ay ka yiraahdeen "*Markii aan asaga iyo saxaabada isbarbar dhignay, waxaan weynay wax ay dheer yihiin marka laga reebo saaxiibiddii ay Nebiga (scw) la saaxiibeen*". Ibn Mubaarak maalin ayuu soo galay magaalada Raqqa ayada oo Haaruun ar-Rashiid uu joogo. Markii uu magaalada soo galay Ibn Mubaarak, dadkii ayaa ku soo xoonsamay si ay u soo dhaweeyaan. Haweeney ku jirtay qasrigii Haaruun ayaa dariishadda soo fiirisay ayada oo la yaabban dhawaaqa dibadda ka yeeraya. Waxay tiri: "*Maxaa dadka ku dhacay? Waxaa loogu jawaabay: Waxaa yimid caalim ka mid ah culumadii gobolka Khuraasaan oo la yiraahdo Cabdullaahi ibn Mubaarak. Dadkuna sababtaas ayey u soo baxeen*". Haweentii markaasay tiri: "*Boqorka dhabta ah waa ninkan, ee ma ahan Haaruun ar-Rashiid oo laga yaabo dadku inay ugu soo baxaan cabsi-darteed*".

Cabdullaahi ibn Mubaarak, marka uu go'aansado inuu xajka aado, saaxiibbadiis ayuu ku oran jiray: "*Qofkii raba inuu xajka aado, ha ii keeno lacagtuu ku talagalay inuu kharashgareeyo si aan ugu hayo oo aan aniga ugu maamulo*". Marka ay lacagta keenaan qof walba lacagtiisa wuxuu ku xiri jiray kiish, wuxuuna ku qori jiray kiishkaas qofka lacagta leh magaciisa, ka dib kiishashkaas wuxuu ku ridi jiray sanduuq weyn. Marka xajka loo anbabaxo, raggii saaxiibadiis ahaa ee lacagta uu ka uruuriyey, wuxuu ku kharashgareyn jiray lacag farabadan wuxuuna saari jiray gaadiid lagu safro kan ugu fiican, si wanaagsanna wuu ula dhaqmi jiray. Marka ay xajka gutaanna, wuxuu su'aali jiray haddii ay jirto hadiyad xaasaskoodu u soo dirsadeen. Markaas ayuu u gadi jiray hadiyadaha ugu qiimaha badan ee laga helo Makkah iyo kuwa laga keeno Yeman. Marka ay Madiino yimaadaanna wuxuu u gadi jiray hadiyado dheeraad ah oo ah kuwa laga helo Madiino iyo kuwa noocya kale ahba. Marka ay u soo ambabaxaan deegaannadii ay ka yimaadeen wuxuu ka hor marin jiray rag. Wuxuuna raggaas amri jiray inay uga sii hormaraan guryahooda oo ay u sii dayactiraan, albaabadana sii ranjiyaan. Magaalada ay ka tageen marka ay yimaadaanna wuxuu ku martiqaadi jiray aqalkiisa, wuxuuna u soo bixin jiray sanduuqii ay lacagta ku jirtay. Wuxuu ku dhaaran jiray inuusan yeelayn waxaan ahayn in qof walba uu sanduuqa kala baxo kiishka magaciisa ku qoran oo ay lacagtiisa ku jirto. Arrintaas waxay amakaag ku ridi jirtay saaxiibbadiis, waxayna ku noqon jireen qoysaskooda ayagoo faraxsan. Cabdullaahi ibn Mubaarak wuxuu geeriyooday sanadkii 181 ee Hijriga, Muxammad ibn Idriis oo 31 jir ah.

Raggii calanka u siday cilmiga naxwaha ayaguna xilligaan ayey noolaayeen. Marka la tixraaco taariikyahanka Ibn Kathiir raggaan waxay ku sifoobeen aqoon ballaaran oo la xiriirta luqada. Tusaale ahaan, al-Khaliil ibn Axmed al-Faraahiidi wuxuu ahaa shiikhii naxwoolayda, macallinkii Siibawayhi, aabbihii curiyey cilmiga al-Caaruud ee lagu miisaamo ama lagu jaangooyo gabayga. Miisaanka gabayga wuxuu u qaybiyey 15 baxar oo gabayga laga tiriyo. Asaga ka dib, ayaa ninka la yiraahdo al-Akhfash ku daray baxar kale, markaasoo awzaantu noqotay 16 wazan. Khaliil wuxuu geeriyooday sannadkii 170 ee Hijriga markaas Muxammad ibn Idriis labaatan sano oo keliya ayuu jiray. Khaliil kitaabka ugu caansan ee uu qoray wuxuu ahaa qaamuuska luqada carabiga ee la yiraahdo al-Cayn. Xarafkaas oo ahaa xarafka uu ku bilaabay kitaabkiisa. Qaamuuskaas ama dikshinerigaas, al-Khaliil kuma qorin habka higgaadda xarfuhu isugu xigaan alif, ba, ta … ee wuxuu xarfaha isugu xejiyey asaga oo u eegaaya sida loogu dhawaaqo iyo qaybaha afka oo ay ka soo baxaan.

Caalimkii kale ee Naxwaha ee ardayga u ahaa al-Khaliil, wuxuu ahaa Siibawayhi. Siibawayhi wuxuu ahaa hormuudkii naxwoolayda ee waqtigiisii, wuxuu ahaa nin dhalinyaro ah, qurux badan, hufnaan iyo nadaafad ay ka muuqato, fanni walba oo cilmiga ka mid ah wax ka bartay. Wuxuu ka qoray cilmiga naxwaha kitaab weyn oo ay adag tahay si lagu gaaro. Raggii naxwooleyda ahaa ee gadaal ka yimi waxay ku mashquuleen sharxidda kitaabkaas, waxay dhex maquurteen kitaabkaas oo ahaa bad cilmi ah hase yeeshee kuma ayan guuleysan inay gaaraan baddaas cilmiga ah gunteeda. Waxaa la yiraahdaa marka uu dhimanayey wuxuu jiray soddon iyo laba sano oo keliya. Siibawayhi wuxuu dhintay sannadkii 180 ee Hijriga, waqtigaasoo Muxammad ibn Idriis uu ahaa soddon-jir.

Waxyaalaha la yaabka leh waxaa ka mid ah raggii calanka u siday cilmiga xitaa cilmiga Luqada-Carabiga ma ayan ahayn dad Carab ah abtirsiinyo-ahaan. Taasina waxay caddaynaysaa diinta Islaamku inay tahay diin caalami ah oo dadkoo dhan ka dhaxaysa. Bal aan soo xiganno hadallada arrintaas ku saabsan ee uu yiri aabbihii cilmiga falanqaynta taariikhda, curiyihii cilmiga Ijtimaaciga (Sociology) isla markaasna ahaa faqiih Maaliki ah. Waa caalimkii degganaa Tuunis ee la oran jiray Ibn Khalduun.

Ibn Khalduun wuxuu ku qoray kitaabkiisa qiimaha badan ee *al-Muqaddima* mawduuc uu cinwaan uga dhigay *"Dadka Aqoonta Islaamka Hormuudka Ka Ah Badankoodu Waa Dad Aan Carab Ahayn"*. Wuxuuna yiri:

"Waxyaalaha xaqiiqada ah ee la yaabka leh waxaa ka mid ah in dadka hormuudka ka ah cilmiga, marka la eego diinta Islaamka, badankoodu waa dad aan Carab ahayn. Cilmigaas ha ahaado mid

Shareecada la xiriira ama mid caqliga lagu ogaaday. Badankoodu Carab ma ahan marka laga reebo in yar oo fara-ku-tiris ah. Xitaa haddii uu jiro qof Carab ah abtirsiinyo-ahaan, luqadiisa asalka ah Carabi ma ahan, deegaanka uu ku soo barbaarayna deegaan Carbeed ma ahan, culumada uu wax ka soo bartayna Carab ma ayan ahayn."

Ibn Khalduun isagoo hadalkiisa sii wata wuxuu yiri:

"Ninka calanka u sida Cilmiga Naxwaha Carabiga oo la yiraahdo Siibawayhi ... iyo raggii ka dambeeyey ... dhammuuntood waa dad aan Carab ahayn abtirsiinyo-ahaan hase yeeshee waxay ku soo barbaareen luqada Carabiga. Barbaaridda noocaas ah iyo dhexgalka uy Carabta dhexgaleen [ayay ka faa'iidaysteen] ... sidoo kale Hurmuudyada Cilmiga Xadiiska iyo kuwii xafidayba badankoodu waxay ahaayeen dad aan Carab ahayn ama marka la fiiriyo luqadooda iyo deegaanka ay ku soo barbaareen ma ayan ahayn Carab [inkastoo laga yaabo inay Carab ku abtirsanayeen]. Sida la ogsoon yahay Culumadii Cilmiga Usuulul Fiqiga calanka u sidday dhammaantood waxay ahaayeen dad aan Carab ahayn [Muxammad ibn Idriis ka dib] ... sidoo kale culumada Tafsiirka badankoodu ma ayan ahayn Carab. Cidda u istaagtay ilaalinta iyo xifdinta cilmiga iyo diiwaangelintiisaba waxay ahaayeen dad aan Carab ahayn ...".

Madaxa garsoorka iyo caddaaladda, Qaadi al-Qudaat, xilligaas waxaa ahaa caalimkii weynaa Abuu-Yuusuf oo aqoon fiicanna u lahaa cilmiga xadiiska, ahaana ardaygii ugu aqoonta roonaa ardaydii ka soo aflaxday Abuu-Xaniifa. Waqti waqtiyada ka mid ah, Haaruun wuxuu ka codsaday Abuu-Yuusuf inuu kala taliyo arrimaha maamulka dawladda gaar ahaan arrimaha maaliyadda iyo dhaqaalaha. Codsigaas wuxuu Abuu-Yuusuf uga jawaabay kitaab uu ku fara-yaraystay. Kitaabkaas oo la yiraahdo al-Kharaaj waxa uu ka hadlayaa ilaha dakhliga dawladda uu ka soo galo iyo meelaha ay tahay dawladdu inay ku bixiso (Public Finance). Hordhaca kitaabkaas waa warqad ama qoral dheer oo uu Abuu-Yuusuf qoray, ka dib marka uu kitaabka dhammaystiray. Warqaddaas waa nasteexo qiimo badan ee uu u gudbiyey khaliifka. Abuu-Yuusuf wuxuu yiri *"Amiirka Mu'miniintoow! Allaah (SWT) waxa uu kuu dhiibay mas'uuliyad laga heli karo abaal- marin midda ugu weyn ama lagu mudan karo ciqaab midda ugu daran"*.

Talooyinka dhaxalgalka ah ee warqaddaan kitaabka hordhaca u ah waxaa ka mid ahaa: *"Shaqada maantay, berri ha u dib dhigin. Haddaad sidaas samaysid, khasaaraad samaysay"*, *"Xaqa ha ka leexan, si raciyaddaadu ayan ayaguna u leexan"*. *"Ka digtoonow inaad amar bixisid adigoo hawadaada raacaya"*. *"Xukun ciqaab ahna ha fulin adigoo xanaaqsan"*. Nebiga (scw) wuxuu yiri: *"Qof meeshuu taagan yahay ka dhaqaaqaya ma jiro maalinta Qiyaame ilaa laga su'aalo afar arrimood: aqoontiisa iyo sida uu uga faa'iideystay, cimrigiisa iyo sida uu u isticmaalay, hantidiisa meesha uu ka soo kasbay iyo meesha uu ku bixiyey iyo jirkiisa iyo sida uu u adeegsaday"*.

"Marka, Amiirka Mu'miniintoow, diyaarso jawaabaha su'aalahaas. Iska hubi oo ka baaraandeg waxa aad samaynaysid, maxaa yeeley berri ayaa waxaad fashay lagu hor keenayaa. Waxyaalaha burburka keena waxaa ka mid ah in ninka madaxda ah uu talada ka qaato dad aan mudan. Wax Allaah (SWT) uu ka jecel yahay samafalka ma jiro, wax uu ka neceb yahay musuqmaasuqana ma jiro."

Waano dheer ka dib, Abuu-Yuusuf, wuxuu warqaddiisa u soo gunaanaday sidan:

"Waan kuu soo qoray arrinkii aad iga codsatay, waana soo faahfaahiyey, haddaba akhri nafsaddaadana ku dabaq - akhri oo haddana akhri ilaa aad ka hantidid. Dadaal iguma harin, talo aan ka hagraday adiga ama Muslimiinta ma jirto. Waxaan dalbayaa raalli ahaanshaha Allaah (SWT) ciqaabtiisana waan ka baqayaa. Allaah (SWT) ha kula garab galo waxa uu raalliga ka yahay. Waxaan kuu rajaynayaa wanaag. Haddii aad dhaqangelisid arrimaha ku

faahfaahsan qoraalkan, waxaan rajaynayaa in Allaah (SWT) kuu
sahlo soo-xaraynta hantida dawladda, adiga oon dhibaatayn
raciyaddaada kuwa Muslimiinta ah iyo kuwa gaalada ahba.
Waxaanna rajaynayaa in raciyaddu ay hagaagto maxaa yeelay haddii
raciyadda lagu fuliyo sharciga, laga difaaco dulmiga isla markaasna
laga hortago inay dhexdooda is gardarraystaan, waxay noqonaysaa
raciyad toosan."

Warqaddaas ka dib, kitaabka intiisa kale wuxuu ka hadlayaa
siyaasadda dawladda gaar ahaan dhinaca maaliyadda. Kitaabku waxa
uu sheegayaa ilaha dakhliga ee miisaaniyadda dawladda, waajibaadka
dawladda ka saaran hagaajinta kaabayaasha-dhaqaalaha
(infrastructure), la xisaabtanka shaqaalaha dawladda, dhaqangelinta
caddaaladda iyo sugidda amniga gudaha iyo dibaddaba. Abuu-Yuusuf
mar walba waxa uu milicsanayey siirada Nebiga (scw) iyo afartii
khaliif ee ahaa raashidiinta iyo khaliifkii isaguna caddaaladda ku caan
baxay ee Cumar ibn Cabdil-Caziiz, Allaha ka raalli noqdee. Sidoo
kale waxa uu adeegsaday fatwooyinkii saxaabada. Ra'yiga ragga kale
ee ahlul-cilmiga ahna, marka uu ka hadlo, waxa uu ka dooranayay
ra'yiga sawaabka uu u arko. Abuu-Yuusuf si saraaxad leh ayuu ula
hadlay Haaruun, si aan ka ganbasho lahayn ayuu ugu tilmaamay
khaladaadka, isagoon xushmada iyo ixtiraamka ka tegayn ayuu u soo
jeediyay inuu saxo wixii khalad ah oo jira. Wuu u digay wuxuuna
xasuusiyay Allaah (SWT). Wuxuu jecleysiiyey raxmaddiisa, wuxuuna
uga digay ciqaabtiisa.

Warbixintaas kooban waxay sawir naga siinaysaa casrigii Muxammad
ibn Idriis uu noolaa iyo raggii xilligaas joogay. Marka la fiiriyo tirada
yar ee aan ka sheegnay raggii noolaa casrigaas, waxaa marag-ma-
doonta ah casrigaas inuu ahaa casri dahabi ah. Ragga kor ku xusan
waxay isugu jiraan kuwa geeriyooday Muxammad oo weli nool iyo
kuwa nolosha uga dambeeyayba.

Maabka kore wuxuu tusinayaa qayb ka mid ah qaaradda Yurub. Muslimiintu waxay waagii hore xukumi jireen Isbayn (Andalus), koonfurta Faransiiska, Sicily (Sicilia) iyo koonfurta Talyaaniga. Guud ahaan dhulkaas, gaar ahaan Isbayn iyo Sicily, waxay ahaayeen goobihii ifiyey qaaradda inteeda kale ee mugdiga ku jirtay. Jibraltar ama Jabalu-Taariq waxaad ka arki kartaa dhinaca hoose ee Spain, jaziiradda Sijiilyo iyadana waxay ka hoosaysaa dhulka Talyaaniga.

MIXNADII ADKAYD IYO SAFARKII KOOWAAD EE BAQDAAD

Sannadkii 184, Muxammad oo 34-jir ah, kuna jeebbaysan silsilad bir ah, ayaa la soo saaray baqal isagoo ah eedaysane. Waxaa isaga iyo rag uu ku jiro loo soo gudbiyey Haaruun ar-Rashiid, khaliifkii Muslimiinta ee waqtigaas. Inkastoo Haaruun lagu filaayay inuu Baqdaad joogo, haddana safarkii waxaa u caddaaday inuu magaalo kale u xagaa baxay. Sidaa darteed, Muxammad waxaa safar dheer ka dib loo soo leexiyay Raqqa, Haaruunna uu markaas ku sugnaa. Raqqa waxay ahayd magaalo yar oo khaliifku u xagaa baxo, derisna la ah webiga Furaat, isla markaasna ahayd xarun milatari oo laga hoggaamin jiray dagaalkii lagula jiray imbaraadooriyaddii Biizentaaynka. Muxammad waxaa la hor keenay Haaruun ar-Rashiid.

Haaruun: Hadal

Muxammad: Amiirka Mu'miniintoow, aniga waa la i soo dacweeyey adaana ii yeeray. Fursad ii sii inaan hadlo oo aad hadalkayga maqashid. Anigu waxaan ahay eedaysane aan awood lahayn wixii la rabana lagu samayn karo ee ii fasax inaan hadlo.

Haaruun (oo la yaabban codkarnimadiisa iyo dhiirranaantiisa): Waa yahay ee bal hadal.

Muxammad: Amiirka Mu'miniintoow, waxay u muuqataa inaad igu tuhmaysid inaan kaa janjeero oo aan la safanahay koox kale? Hase yeeshee waxaan kuu faahfaahinayaa kooxda la igu eedeeyay inaan gacan saarka la leeyahay iyo adiga midba halka uu iga joogo.

Muxammad (oo hadalka sii wata): Amiirka Mu'miniintoow, ka warran nin xaaladiis. Ninkaas waxa ay ilma adeer yihiin laba nin. Labadaas nin kan hore wuxuu u arkaa ninka inay abtirsiinyo-wadaag yihiin isku midna ay yihiin oo ay wada siman yihiin. Hantidiisa wuu ilaaliyaa, haddii uu rabo inuu gabadhiisa guursadana asaga ayuu ka soo doontaa oo waa uu sharfaa. Ninka kalana wuxuu ninka u arkaa inuu ka liito, ka nasab hooseeyo, wuxuu aaminsan yahay hantidiisa inuu iska leeyahay oo uu suu rabo ka yeeli karo, wuxuu u arkaa gabdhihiisa inuu iska guursan karo uusan idanna uga baahnayn.

Muxammad (oo dulucda hadalkiisa u dhaadhacay): Hadaba, Amiirka Mu'miniintoow, ninkaas aan xaaladiisa kuu sharxay, labadaas nin kee ayuu jeclaanayaa ee uu u janjeersanayaa. Ma ninka hore ee qadarinta iyo ixtiraamka u haya mise kan labaad ee quursiga iyo yasidda ku haya. Adiga waxaad iila mid tahay ninka hore, kooxda la igu tuhunsan yahay inaan raacsanahayna waxay iila mid yihiin ninka labaad.

Haaruun (oo la cajabay hadalka Muxammad): Bal ku soo celi hadalkaad tiri.

Muxammad baa hadalkii uu yiri ku soo celiyay asaga oo isticmaalaya erayo kuwii hore ka duwan lase macne ah.

Haaruun (mar labaad): Bal mar kale ku soo celi waxaad tiri.

Muxammad ibn Idriis sidii oo kale ayuu hadalkii ugu soo ceshay wuxuuse markaan isticmaalay ereyo ka duwan kuwii labadii jeer ee hore uu isticmaalay.

Haaruun oo mar walba la yaabban hadalka Muxammad ayaa wuxuu ilaa iyo saddex jeer ka codsaday inuu hadalka ku soo celiyo.

Intaas ka dib, Haaruun wuxuu amray in Muxammad la xiro inta arrintiisa go'aan laga gaarayo. Muxammad waxaa la geeyay oo lagu hayay aqalkii la oran jiray Daar al-Caamma. Inta Muxammad uu joogay meeshaas ee lagu hayay daartaas, wuxuu soo xasuustay jacaylkii uu cilmiga u qabay. Markii waxoogaa nefisa uu helay oo uu awood u yeeshay inuu socsocdo wuxuu u tegay Muxammad ibn al-

Xasan ash-Shaybaani oo ahaa ardaygii Abuu-Xaniifa. Muxammad wuxuu bilaabay inuu cilmi ka faa'iidaysto ash-Shaybaani isla markaasna waxaa labada sheekh dhexmaray dood-cilmiyeed. Ash-Shaybaani degaankiisa rasmiga ah waa Baqdaad, laakiin waqtigaas wuxuu joogay Raqqa. Joogitaanka Ash-Shaybaani waxay Muxammad u noqotay faraj, maxaa yeelay Ash-Shaybaani wuxuu u sheegay Haaruun in Muxammad ibn Idriis uu yahay nin aqoon u leh cilmiga diinta shaqana aan ku lahayn waxa lagu soo eedeeyay. Haaruun marka uu fiiriyay arrinka Muxammad iyo sida cajaa'ibka badnayd ee uu isu difaacay iyo weliba taageerada ash-Shaybaani uu ka helay wuxuu go'aan ku gaaray in la sii daayo lana maamuuso.

Muxammad ibn Idriis si la yaab leh ayuu isu difaacay wuxuuna muujiyey inuu beri ka yahay eedaha raqiiska ah ee lagu soo eedeeyay. Wuxuu ka soo baxay goobtii lagu qaadayay dacwaddaas isaga oo xor ah, isla markaasna ixtiraam weyn loo hayo, sumcadna uu kasbaday.
In kastoo marxalad adag ay soo foodsaartay, haddana Muxammad waxaa weli maskaxdiisa ku shaabadeysnayd ahmiyadda iyo qiimaha cilmiga. Meeshan uu hadda joogo Raqqa inkastoo ay ka durugsan tahay magaalada caasimadda ah ee Baqdaad, haddana Muxammad waxaa go'aan ka ah inaysan fursaddaan ka lumin ee uu mar Baqdaad cagta dhigo. Magaaladaas waqtigaas waxay xarun u ahayd culumo ku takhasusay cilmiyo kala duwan waxayna hormuud u ahayd aqoonta adduunka, ilbaxnimada-aadanaha, bilicsanaanta iyo reer-magaalnimada. Magaaladaas waxaa dhismaheeda la bilaabay sannadkii 145 waxaana dhismaheeda la waday ilaa iyo sanadkii 149 - sanad ka hor dhalashadii Muxammad. Taasoo macnaheedu yahay in magaalada iyo Muxammad ayan wax saasa kala weynayn. Waxaa magaalada loogu naynaasaa magaaladii nabadda. Inkastoo magaaladu ay wax ku dhow 35 sano oo keliya ay dhisnayd, haddana waa caasimad calanka u sidday magaalooyinka adduunka oo dhan. Quruxda, dad badnida, jinsiyadaha kala duwan ee ku nool ka sokow, waxay ku caan baxday dhammaan qaybaha aqoonta: tafsiirka, xadiiska, fiqiga, luqada, naxwaha, sarfiga ama barashada ficilka af Carabiga, xisaabta, farshaxanka, sayniska iyo wixii la hal maala.

Magaalada Baqdaad, dhismaheeda waxaa loo adeegsaday naqshad si gaara loo farsameeyey. Magaalada waxaa loo dhisay hab goobo ah oo wareegsan. Bartanka magaalada waxaa laga dhisay masjidka iyo qasrigii khaliifka, safka ku wareegsan bartamaha, labadiisa dhinac ee iska soo horjeeda waxaa laga dhisay xafiisyada dawladda. Wareegga kaas xigana labadiisa dhinac ee iska horjeeda oo aan ku aaddanayn labada dhinac ee xafiisyada waxaa laga dhisay guryaha degaanka caadiga ah loogu talagalay, suuqa iyo dukaamada laga adeegto. Magaalada waxaa xayndaab looga dhigay oo lagu wareejiyey laba wareeg oo darbi adag ah, waxaana loo sameeyey afar albaab oo magaalada laga soo galo loogana baxo. Qiyaas isle'eg ayay albaabadu isu jireen, waxayna ku kala beegnaayeen waddooyinka loo sii maro Shaam, Kuufa, Basra iyo Khuraasaan. Albaabadaas waxaa la kala oran jiray albaabka Shaam, albaabka Kuufa, albaabka Basra iyo albaabka Khuraasaan. Naqshaddaas lagu farayaraystay ka sokow, magaaladu waxay ahayd caasimadda dawladda, waxayna noqotay hoyga ganacsiga iyo baayacmushtarka, dhaqanka iyo cilmiga. Waxaana degganaa dad midabkooda iyo qawmiyadaha ay ku abtirsadaan ay kala duwanayd. Tirada dadka ee Baqdaad degganayd waxay ahaayeen malaayiin qof meesha magaalooyinka kale ee waawayn ee dunida badankoodu dadka deggan ayan gaarayn kontun kun oo qof. Magaalada intaan la dhisin waxaa la isugu yeeray dhammaan qaybaha kala duwan ee mujtamaca: culumaa'u diinka, injinneerrada-dhismaha, farsamayaqaanno xirfado kala duwan leh, indheergarad, odoyaal iyo duqeyti, madaxda maamulka dawladda iyo dad farabadan oo mid walba lagu tuhmayo aqoon iyo khibrad. Dhismaha magaalada waxaa ku baxay miisaaniyad farabadan oo gaaraysa ilaa iyo malaayiin Dirham. Aagga loo doortay in magaalada laga dhiso waxaa lagu xushay hawada fiican ee degaankaas iyo isaga oo qarka u saarnaa webiga Dijla oo halbowle u ahaa ganacsiga iyo baayacmushtarka, magaaladana ku xirayay gacanka Khaliijka oo ku sii xiraya marinka badda ee Shiinaha loo sii maro, marinkaasoo ay horay ganacsatada Muslimiintu u isticmaali jireen.

Muxammad si gaar ah wuxuu u daneynayay cilmiga laga dhaxlay caalimkii dhintay sannadkii uu dhashay, Imaam Abuu-Xaniifa, oo ardaydii ka soo aflaxday ay culumo waqtigaas ka ahaayeen Baqdaad. Fursad uma uusan helin Muxammad inuu la kulmo ardaygii ugu aqoonta roonaa ardaydii Abuu-Xaniifa ee la oran jiray Abuu-Yuusuf. Ardaygaas wuxuu aqoon u lahaa cilmiga xadiiska oo wuxuu ahaa muxaddis. Wuxuu ahaa qaaddi ama xaakim caan ah oo ay hoos yimaadaan ragga kale ee arrimaha garsoorka ku lug leh. Jagada u sarraysa ee garsoorka ayuu haystay. Magaalada Baqdaadna isaga ayaa qaaddi ka ahaa. Abuu-Yuusuf wuxuu ku caan baxay qoraalkiisii la oran jiray al Kharaaj oo ka hadlayay Siyaasadda Maaliyadda ee Dawladda. Kitaabkaas, oo aan horay u soo sheegnay, wuxuu ahaa kitaab ay ku qornaayeen talooyin la xiriira maaraynta dakhliga dawladda, ilaha dakhliga iyo meelaha lagu bixinayo. Abuu-Yuusuf kitaabkaas wuxuu u sameeyay hordhac dheer oo ah talooyin guud ee uu u soo jeediyay khaliifka. Hordhacaasi si gaar ah ayuu tan iyo maantay qiima gaara u leeyahay, gaar ahaan marka laga hadlayo cilmiga siyaasadda. Abuu-Yuusuf waxaa la oofsaday sannadkii 182, laba sano ka hor Muxammad intuusan imaan Baqdaad. Nasiib wanaagse Muxammad wuxuu fursad u helay inuu la kulmo ardaygii kale ee Abuu-Xaniifa ee la oran jiray Muxammad ibn al-Xassan ash-Sheybaani, ahaana soo-minguuriyaha fiqiga Abuu-Xaniifa, ardaygaasoo horay Raqqa ay isugu soo arkeen. Ash-Sheybaani aad ayuu u soo dhaweeyay una maamuusay Muxammad ibn Idriis markii uu arkay aqoontiisa iyo himmad-weynida ku jirta.

Muxammad ibn Idriis wuxuu matalayay mad-habka reer Xijaaz, Mad-hab Ahlul-Xadiis, ee uu ka dhaxlay shiikhiisii Maalik. Dhinaca kale ash-Sheybaani wuxuu calanka u siday mad-habkii reer Kuufa, Mad-hab Ahlur Ra'yi, amaba dheh Mad-hab 'Ahlul-Fiqi Wan-Nadar', ee uu ka soo min-guuriyey Abuu-Xaniifa. Labada mad-hab waxay ku kala duwan yihiin, sida ay sheegeen culumada u kuurgala kala duwanaanshaha madaahibta fiqiga: Ahlul-Xadiisku waxay xoogga saaraan dhinaca riwaayadda iyo aathaarta, isticmaalka qiyaastuna way ku yar tahay, halka Ahlur-Ra'yigu ay aad u isticmaalaan qiyaasta.

Waxaa labada shiikh dhexmaray dood-cilmiyeedyo taariikhdu ay soo guurisay. Maalin maalmaha ka mid ah waxaa dhexmaray dood sidan u dhacday:

Ash-Sheybaani: Saaxiibkayo (Abuu-Xaniifa) miyaa cilmi badnaa mise saaxiibkiin (Maalik)?

Muxammad ibn Idriis: Ma si garsoor uu ku jiro mise iska hadal?
Ash-Sheybaani: Haa garsoor iyo caddaalad baan u jeedaa.

Muxammad ibn Idriis: Maxay tahay adillada ama sheyga agtiinna xujada ka ah?

Ash-Sheybaani: Kitaabka, Sunnada, Ijmaaca iyo Qiyaasta baa agteenna xujo ka ah.

Muxammad ibn Idriis: Allaah baan kugu dhaariyee, labada shiikh kee aqoon badiyay Kitaabka?

Ash-Sheybaani: Mar haddaad i dhaarisey, shiikhiinnaa badiyay.

Muxammad ibn Idriis: Saaxiibkayo miyaa aqoon badiyey Sunnada mise saaxiibkiin?

Ash-Sheybaani: Saaxiibkiin baa badiyay.

Muxammad ibn Idriis: Labadooda kee aqoon badiyay aqwaasha amase hadallada laga soo weriyey Saxaabada?

Ash-Sheybaani: Saaxiibkiin baa taasna aqoon badiyay.

Muxammad ibn Idriis: Haddaba wax aan Qiyaas ahayn miyaa soo haray?

Ash-Sheybaani: Sax, Qiyaas oo keliya baa soo haray.

Muxammad ibn Idriis: Haddaba ogsoonoow ninkii Usuusha aqoon badiya ayaa Qiyaaskiisuna saxda u dhow yahay.

Waxaa dooddaas ka muuqata bisaylka aqoonta iyo daacadnimada labada shiikh ee doodaysay. Su'aalaha Muxammad ibn Idriis waxay ahaayeen su'aalo ujeeddo leh oo soo afjarayay doodda. Dhinaca kalena, ash-Sheybaani wixii fadli ah oo Maalik uu leeyahay ma inkirin, difaac uu shiikhiisa difaacayo darteed. Ash-Sheybaani wuu yaqaannay Maalik oo muddo saddex sano iyo xoogaa ah ayuu xer u ahaa Maalik, wuxuuna ka soo bartay Kitaabka al-Muwadda'.

Sidoo kalc maaliin kale, ash-Sheybaani ayaa su'aalay Muxammad ibn Idriis, sida uu u xallin luhaa masaa'il la xiriira al-Ghasb "axkaamta dhaca iyo bililiqada". Dood-cilmiyeedkan waxay qorayaashu ku tilmaameen inay tahay dood-cilmiyeed caan ah.
Ash-Sheybaani: Nin ayaa qoryo uu soo dhacay guri ku dhistay, muddo yar ka dib ninkii qoryaha laga soo dhacay ayaa aqoonsaday qoryihiisii markaasuu dacwooday, dacwadii markii la qaaday gartii waxaa loo xukumay ninkii qoryaha laga soo dhacay. Su'aashu waxay tahay ma gurigaa la dumin oo qoryaha ma ninkii lahaa baa loo celin mise qoryahaa la qiimeynayaa oo qiimahoodii ayaa la bixinayaa?

Muxammad ibn Idriis (oo su'aasha ka jawaabaya): Waxay ku xiran tahay ninka la soo dhacay, hadduu yiraahdo waxaan qaadanayaa qiimaha qoryaha ay joogeen waxaa la siinayaa qiimaha, haddiise uu ku adkaysto in qoryihiisa cayntooda la siiyo, guriga waa in la dumiyaa qoryahana la celiyaa.

Ash-Sheybaani: Waa hagaag, waan fahmay jawaabtaada, maxaad ka oran lahayd su'aashan kale. Nin baa alwaax uu soo xaday ka samaystay doon, maalin maalmaha ka mid ah doontii oo badda dhexdeeda socota ayaa ninkii la soo dhacay gartay alwaaxda doonta laga sameeyay inay alwaaxdiisii yihiin. Ninkaas ma qiimaha alwaaxdiisa ay joogaan baa loo celinayaa, mise doontaa intii la kala furfuro baa alwaaxda cayntooda la celinayaa?

Muxammad ibn Idriis: Waxay ku xiran tahay ninka alwaaxda laga soo dhacay, hadduu ku adkaysto in alwaaxdiisa cayntooda la siiyo waa in doonta la geeyaa xeebta ugu dhow, la kala furfuraa alwaaxda boolida ahna la celiyaa, haddiise uu yiraahdo qiimaha ayaan qaadanayaa waxaa la siinayaa qiimaha qoryaha ay joogaan.

Ash-Sheybaani (oo aqoon dheer u lahaa masaa'isha furuucda fiqiga, su'aashii uu u socday ayuu keenay): Ka warran, nin soo dhacay dunta wax lagu tolo nooca tayada leh ee ibriisimka ah. Isla markaasna u adeegsaday inuu ku tolo jirkiisa - dhaawac uga yaallay caloosha. Ma waxaa la leeyahay duntaas ibriisimka ah furfur oo is-dhibaatee una celi ninkii lahaa mise qiimaheeda ayaa laga qaadayaa?

Muxammad ibn Idriis (asagoon ka laba labayn jawaabta): Waxaa laga qaadayaa qiimaha dunta ee la weydiin mayo inuu duntaas ibriisimka ah calooshiisa dhaawaca ah ka soo bixiyo.

Markii jawaabtaas ay afkiisa ka soo baxday dadkii goobta ka dhowaa waa ay takbiirsadeen. Waxayna yiraahdeen: Jawaabahaagu way iska hor yimaadeen oo isku dhinac uma wada socdaan. Habka aad su'aashan uga jawaabtay way khilaafsan tahay sidii aad uga soo jawaabtay kuwii hore?

Muxammad ibn Idriis (oo kalsooni ay ka muuqato baa hadalkii ku soo noqday): Ka warrama ninkii qoryihii uu soo dhacay guriga ka dhistay haddii uu go'aansado inuu guriga iskiis u dudumiyo oo uu qoryihii sidaas ku celiyo oo uu yiraahdo qiimaha bixin mayo ee qoryihii cayntooda ayaan celinayaa. Xaakimku ma u diidi karaa inuu sidaas sameeyo?

Ash-Sheybaani: Maya, laguma qasbi karo inuusan guriga dumin.

Muxammad ibn Idriis: Ka warrama ninkii alwaaxdii uu soo dhacay doonta ka samaystay haddii uu go'aansado inuu doonta iskiis uu u

42

furfuro oo uu qoryihii sidaas ku celiyo oo uu yiraahdo qiimaha bixin mayo ee alwaaxdii cayntooda ayaan celinayaa. Xaakimku ma u diidi karaa inuu sidaas sameeyo.

Ash-Sheybaani: Maya.

Muxammad ibn Idriis: Bal ka warrama ninka dunta uu soo dhacay ee calooshiisa dhaawicii ku yaallay ku tolay, haddii uu yiraahdo dunta ayaan caloosha dhaawaca ah ka soo furayaa. Xaakimku inuu sidaas sameeyo ma u diidi karaa.

Ash-Sheybaani: Haa, tani waa ka duwan tahay kuwii hore. Ficilkaas wuxuu keenayaa natsaddiisa inuu dhibaateeyo. Lamana ogola qofka inuu nafsaddiisa halaagu.

Muxammad ibn Idriis (oo caddaynaya saxsanaanta mawqifkiisa): Sidee marka wax aan la sameyn karin, oo ah in dunta dib loo furfuro, looga qiyaasan karaa wax la samayn karo, oo ah in guriga la dudumiyo ama doonta la kala furfuro - labadaas xaalo sidee loo simi karaa oo isku jawaab loo siin karaa?

Dooduhu way badnaayeen, waxayna ahaayeen kuwa cilmi isweydaarsi ah ayna ka muuqato akhlaaq hufan. Doodahaa cilmiga ah marnaba ma ayan keenin in labada shiikh isu caloolxumaadaan ama kala caroodaan. Dood-cilmiyeedyadaas ka sokow Muxammad ibn Idriis wuxuu ka min-guursaday ash-Sheybaani kutubtii cilmiga ahayd ee uu haystay oo ka tarjumaysay mad-habkiisa. Waxaa lagu qiyaasaa kutubta uu ka qortay inay dhammayd awr-raran qaadkiis.

Muxammad ibn Idriis wax badan ma uusan joogin Baqdaad, wuxuuna u ambabaxay Makkah oo ahayd magaaladii uu ku soo barbaaray.

BISAYL AQOONEED

Daraasaddii uu ku sameeyey mad-habka Ahlur-Ra'yiga, dood-cilmiyeedkii uu la yeeshay ardaygii Abuu-Xaniifa, isbar-bardhigiddii madrasadii shiikhiisa iyo tii ka jirtay Ciraaq, aragtidii uu soo arkay culumadii faraha badnayn ee Baqdaad uu ugu tegay, safarkii dheeraa iyo mixnadii uu soo maray. Intaasoo idil waxay kor u sii qaadeen aqoontii Muxammad ibn Idriis ilaa her taariikhyahannadu ay ku tilmaameen in xilligaan uu bisaylka aqoonta ka gaaray heerkii ugu sarreeyay. Wuxuu bilaabay inuu naqtiimo ama uu dib-u-eegid ku sameeyo mawqifkii uu taagnaa. Natiijadu waxay noqotay inuu si cad u muujiyo masaa'isha uu ku diiddanaa Mad-habka Ahlur-Rayi'ga isla markaasna si qurux badan oo cadcaddaan ay ka muuqatana uu u difaaco mad-habkii Ahlul-Xadiiska. Wuxuu caddeeyay booska xadiiska Nebiga (scw) uu mudan yahay in la dhigo. Xadiiska isaga ayaa xujo ah umana baahna in wax kale ay kaabaan maadaama silsilad sax ah looga weriyey Nebiga (scw). Xadiiska uma baahna inuu taageero ka helo waxa qof uu ismoodsiin karo inuu yahay qiyaas saxiix ah. Ilaha shareecada Islaamka saldhigga u ah way kala horreeyaan. Kitaabka iyo Sunnada ayaa mudnaanta koowaad iska leh. Waxaa soo raaca ijmaaca Saxaabada. Waxaa ku sii xiga oo darajada ugu dambaysa ah Qiyaaska saxiixa ah, oo ah in masaa'isha iswaafaqsan isku xukun la siiyo ama in mas'alada shareecadu ay xukunka siisay iyo midda kale ee la bahda ah la israaciyo oo isku xukun la siiyo. Xadiisku waa maalin cad oo kale, ra'yiguna habeen mugdi ah ayuu la mid yahay. Dhinaca kale Muxammad ibn Idriis si indha la'aan ah uma raacin mad-habkii shiikhiisa, ee wuxuu bilaabay inuu masaa'il ku diido mad-habkii uu ku soo barbaaray. Mawaaqiftii ugu waaweynayd oo dhaxalgalka ahayd waxaa ka mid ah in uu Ahlul-Xadiiskii waqtigaas joogay ku diiday daliishiga furan oo qaarkood ay daliishan jireen aathaarta mursalka ama munqadica ah ee silsiladdoodu si aan kala go' lahayn u gaarayn Nebiga (scw). Mawaaqiftii taariikhda galay waxaa ka mid ahaa hadalladii uu yiri markii uu ka hadlayey aathaartha maraasiisha la yiraahdo sida hadalkiisii ahaa dhammaan maraasiishu xujo ma galaan marka laga reebo maraasiisha Saciid ibn al-Musayyab. Kuwaas uu ka soo reebayna waxaa keenay daraasad uu ku sameeyay oo ay natiijadeedu noqotay in la heli karo waddooyin kale oo silsiladda looga dhigi karo mid xiriirta. Sidoo kale wuxuu tilmaamay xadiisku inuu si madax bannaan xujo u yahay ee uusan taageero uga baahnayn hab-dhaqankii ama camalkii reer Madiina.

Arrinkaas oo macnahiisu yahay in su'aal uu ka keenay mas'alada la xiriirta *"Hab-dhaqanka ama camalka Madiina"*, ra'yigiisa ayuuna ku biiriyey dooddii mas'aladaas ka taagnayd. Waxaa jiray laba aragti oo kala duwan. Kooxda aragtida koowaad qabtay waxay dooddoodu u dhacaysay sidan: Magaalada Madiina waa meeshii Nebiga (scw) iyo saxaabudiisa (rc) u soo hijroodeen, saldhigga u ahayd maamulkii Nebiga (scw), Qur'aankana uu ku soo degay, axkaamta xalaasha iyo xaaraamta lagu caddeeyay. Saxaabadii joogtay waxay joob-joog ka ahaayeen soo degidda waxyiga, waxay arkayeen Nebiga (scw) oo wax amraya waxna nahyinaya. Geeridii Nebiga (scw) ka dibna waxay saldhig u noqotay maamulkii khilaafada ee Abuu-Bakar (rc), Cumar (rc) iyo Cuthmaan (rc). Jiilka saxaabadu markuu tegayna waxaa hoggaanka cilmiga la wareegay oo magaalada joogay taabiciinta, ardaydii wax ka bartay saxaabada, raggii ugu sitay. Sidaas ayaa fac-ka-fac, jiil-ka-jiil, cilmiga loogu kala dhaxlayay. Ilmaha dhasha wuxuu ku indha kala qaadayay hab-dhaqankaas wanaagsan. Carruurtu sidaas ayay ku garaadsanaysay, cirrooluhuna ku cirreysanayay. Camalkaas iyo dhaqankaas waxaa la iska soo dhaxlayey tan iyo waqtigii Nebiga (scw). Haddaba, ma habboona mana bannaana in dhaqanka noocaas ah la khilaafo. Waana tilmaam gaar u ah magaalada Madiina oo magaalooyinka kale ayan la wadaagin. Bal fiiri halbeegyada laga isticmaalo magaalada sida Mudka iyo Saaca. Qoys walba Mudka ama Saaca uu haysto waa mid uu ka dhaxlay jiilalkii ka horreeyay. Waqti hore oo fog, maalin ayaa Abuu-Yuusuf ardaygii Abuu-Xaniifa soo booqday Imaam Maalik, waxayna ka wada doodeen mas'alada *"Hab-dhaqanka Madiina"*. Waxay dooddu socotaba, Imaam Maalik wuxuu dadkii joobjoogga ahaa ka codsaday in qof walbaa keeno Mudka iyo Saaca guriga u yaal ee uu wax ku beegto. Dadkii waxay goobta keeneen Mudadkii iyo Saacyadii guriga u yaallay. Ka dib, Imaam Maalik wuxuu weydiiyay meesha halbeegyadaasi uga yimaadeen. Qof walba oo su'aashaas la weydiiyaba wuxuu u taariikheeyey meesha ay uga yimaadeen mudka iyo saaca uu haysto ee qoyskiisu wax ku beegto. Wuxuuna qof waliba sheegey in halbeegyadaas ay qoyskiisu iska soo dhaxlayeen tan iyo waqtigii Nebiga (scw). Marka ay arrini sidaas u dhacday, Imaam Maalik ayaa Abuu-Yuusuf su'aal u soo jeediyey oo ku yiri: *"Ma waxay kula tahay in dadkaan ay been sheegayaan?".* Abuu-Yuusuf wuxuu ku jawaabay: *"Ilama aha dadkaan inay been sheegaayaan, ee waxa ay sheegeen waa xaqiiqo jirta".* Taasina waxay keentay in Abuu-Yuusuf uu Imaamka waafaqo. Doodda lagu taageerayay camalka reer Madiina sidaas ayay u dhacaysay.

Dhinaca kale culumada ra'yiga kale qaba waxay ayaguna hadalkooda u qaabaynayeen sidan: Waa run in magaalada Madiina ay ka duwan tahay magaalooyinka kale maadaama ay ahayd hoygii waxyigu ku soo degayey, laga hagayay Muslimiinta, saldhigna ay u ahayd Nebiga (scw) iyo saxaabadiisa. Jiilba jiil inuu iska soo dhaxlayay halbeegyada wax lagu beegto sida Mudka iyo saaca waa xaqiiqo jirta. Inkastoo arrintaasi ay jirto, haddana waagii dambe saxaabadii Nebiga (scw) waxay u kala safreen dacallada adduunka, axaadiistii ay Nebiga (scw) ka maqleenna meelihii ay joogeen ayay ku faafiyeen. Taasi waxay keentay in magaalooyinkaas kale ay la gaar noqdaan axaadiis ay ka weriyeen saxaabadii dhex degganayd. Sidoo kale, xitaa xilligii Abuu-Bakar (rc), Cumar (rc) iyo Cuthmaan (rc) ay ka talinayeen Madiina, waxaa jiray camal ka dhaqangalay gobolladii kale ee Islaamka sida Masar, Shaam, Ciraaq iwm meeshaasoo ay joogeen saxaabada Nebiga (scw) qaar ka mid ah. Waagii dambena markii Cali ibn Abi-Daalib (rc) uu ka talinayay khilaafada Islaamka, caasimadda dawladda waxay u guurtay magaalada Kuufa ee gobolka Ciraaq. Meeshaasna Cali (rc) iyo saxaabadii deegaankaas joogtay waxaa looga weriyay cilmi farabadan. War iyo dhammaantii arrinta biyo-kama-dhibcaanka ah waxaa weeye haddii la helo ayna na soo gaarto axaadiis Nebiga (scw) silsilad saxa looga weriyay iyada ayaa mudan in la qaato, wax kale oo dhanna laga hormariyo. Xadiisku sidiisuu xujo madaxbannaan u yahay. Cid kalena taageero ugama baahna. Camalka Madiinana qaarkiis inkastoo sax uu yahay sida halbeegyada iwm, haddana damaanaqaad ah in camalkii Madiina uusan is wada beddelin ma haysanno. Gaar ahaan waxaa jira culumadii waaweynayd ee Madiina masaa'il ay ku kala duwanaayeen oo ay isku khilaafeen. Saxaabadii joogtay Madiinana sidoo kale masaa'il fiqi ah oo ay ku kala duwanaayeen ayaa jirtay. Taabiciintii saxaabadaas cilmiga ka dhaxlay ayagana masaa'il ay isku khilaafsanaayeen ayaa jirtay. Intaasoo dhan waxay muujinaysaa in camalka Madiina aan laga hor marin karin axaadiista ansaxday. Marka haddii arrintu ay sidaas tahay, xadiiska haddii la hubsado in silsilad saxa looga weriyay Nebiga (scw) isaga ayaa mudnaanta iska leh illeen waa hadalkii Nebigee (scw).

Muxammad ibn Idriis dooddan dambe ayuu taageersanaa aad ayuuna ugu nuuxnuuxsaday in xadiisku yahay xujo madaxbannaan oo aan marnaba cid kale taageero uga baahnayn. Taageero ugama baahna camalka reer Madiina oo aan la xaqiijin karin in iyaguba ay isku wada-waafaqsan yihiin. Sidoo kale taageero ugama baahna qiyaas ay nin shiikha ula muuqatay inuu yahay qiyaas saxiix ah. Laakiin waxaa shardi ah in la hubsado in xadiisku ka sugan yahay Nebiga (scw). Sidaa daraadeed lama daliishan karo xadiis aan silsiladdiisu ahayn mid taxan oo xiriirta tan iyo Nebiga (scw). Muxammad ibn Idriis wuxuu ku dooday in xadiiska silsiladdiisu go'an tahay ee al-munqadica la yiraahdo iyo kan mursalka ah ee saxaabiga uu ka maqan yahay silsiladda ay yihiin waxba-yahay. Maxaa yeelay Muxammad wuxuu daraasad ku ogaaday ragga silsiladda ka maqan inay mararka qaarkood yihiin rag aan lagu kalsoonaan karin oo daciif ah. Waxaa la ogaaday in axaadiis munqadic ah ama mursal ah oo culumo waaweyn ay weriyeen ay ragga silsiladda ka maqan noqdeen kuwo xadiiska ay weriyaan aan la qaadan karin. Arrintaas waxaa laga soo reebay oo keliya maraasiisha uu weriyo taabicigii weynaa Saciid ibn al-Musayyab. Sababtuna waxay tahay, daraasad qoto dheer ka dib, Muxammad ibn Idriis wuxuu ogaaday in maraasiisha taabicigaas uu weriyo oo dhan loo heli karo waddooyin kale oo silsiladda go'an lagu xiriirin karo.

KU SOO LAABASHADII MAKKAH

Magaalada Makkah mar walba waxbay dheerayd magaalooyinka kale - sannad kastaba Xajka ayaa loo yimaadaa iyada oo laga kala imanayo mashriq iyo maqrib. Waxaa sannad walba Xaramka Makkah imanayay culumo farabadan oo u soo qasdaysay gudashada Xajka. Culumadaas way kulmi jireen, waxay is dhaafsan jireen cilmiga, riwaayadaha xadiiska ayay kala werin jireen sidoo kale masaa'isha fiqiga ayay ka niqaashi jireen. Fursadaha noocaas ah Muxammad ibn Idriis aad ayuu uga faa'iideysan jiray.

Muxammad ibn Idriis wuxuu soo noqoshadiisan dambe ee Makkah bilaabay inuu faafiyo ama sii gudbiyo cilmiga uu sido, inuu dadka u faa'iideeyo isagana uu faa'iideysto, inuu ka qayb galo aqoon isweydaarsiyo ama dood cilmiyeedyo badan. Xilligaan dad fara badan ayaa ka qaatay cilmiga oo wax ka bartay. Waxaa aad u soo muuqday cilmigiisa ballaarnaa, caqligiisa toosnaa iyo sida uu Sunnada u difaacay.

Xilliga lagu jiro iyo kuwii ka horreeyayba culumadii Ahlul-Xadiiska waxay yool u ahaayeen raddinta ama dhaliilaha kaga imaanayay xagga madrasadii Ahlur-Ra'yiga. Waxay aad ugu mashquulsanaayeen waqtigooda intiisa badan uruurinta, werinta iyo diiwaangelinta axaadiista. Taasi waxay keentay in mararka qaarkood madrasada Ahlur-Ra'yigu ay uga cadcaddaadaan xagga istinbaadka iyo inay xadiiska ka soo dhirin dhiriyaan masaa'isha fiqiga. Waxay taariikhdu sheegtaa in haweeney rabta in laga shaafiyo su'aal ay qabtay ay u timi laba shiikh oo midi wax ka soo bartay madrasadii Ahlul-Xadiiska kan kalena uu ka mid ahaa madrasadii Ahlur-Ra'yiga. Shiikhii Ahlul-Xadiiska ayay su'aashii weydiisay. Su'aashii waa uu soo dhufan waayey sheekhu sidaa daraadeed wuu ka afeeftay inuu ka jawaabo. Waxaa la maciin biday shiikhii Ahlur-Ra'yiga oo durbadiiba mas'aladii jawaabteeda soo dhuftay. Shiikhii Ahlul-Xadiiska oo yaabban baa wuxuu weydiiyey: *"Oo xaggee jawaabtaas ka keentay".*

Shiikhii Alhur-Ra'yiga wuxuu ku jawaabay: "*Xadiiskii aan idin ka werinnay ayaan ka daliishannay mas'alada, maxaa yeelay idinku waxaad tihiin daawa-sameeyayaal annaguna dhakhaatiir*". Wuxuu ula jeedaa idinku haddii Ahlul-Xadiis aad tihiin waxaad noo werisaan noona xafiddaan axaadiista annaguna axaadiistaas ayaan ka soo dhiraandhirinnaa axkaamta; shaqadiinnu waxay ku egtahay werinta xadiiska oo way idinku adag tahay inaad si sahlan axkaam uga soo istinbaadaan axaadiistaas faraha badan ee aad weriseen. Marka waxaad la mid tihiin khubarada daawada sameysa ee taqaan sida la isugu daro geedaha kala duwan loogana soo saaro daawo hase yeeshee aan aqoon u lahayn sidii daawada ay sameeyeen wax loogu daaweyn lahaa. Annaguse inkastoo nalooga fiican yahay werinta xadiiska, haddana fahamka iyo istinbaadka ayaan ku fiicannahay oo waxaan lu mid nahay dhakhaatiirta cudurrada dadka ka daaweeya hase yeeshee aan aqoon sida daawooyinka loo sameeyo. Dhacdadaas waxay sawir kooban ka bixinaysaa baahida Ahlul-Xadiiska ay u qabeen cilmi qofka ku kaalmeynaya "*dhiraandhirinta masaa'isha fiqiga*".

Muxammad ibn Idriis wuxuu xilliyadan xoogga saaray difaacidda Sunnada iyo garabsiinta raggii Ahlul-Xadiiska ahaa ee ku mashquulsanaa werinta axaadiista. Sidaa darteed, Muxammad magaciisa aad ayaa loo hadal hayn jiray. Warkiisana si mutawaatir ah ama daraandoorri ah ayuu u gaaray dacallada adduunka. Culumo farabadan ayaa marka ay xajka soo aadaan u qasdi jiray inay la kulmaan oo ay arkaan. Sida aan horay u soo sheegnay markii aan ka hadlaynay abtirsiinyihiisa, Muxammad ibn Idriis waxaa awoowe ugu aaddan saxaabigii la oran jiray Shaafic. Sidaa darteed Muxammad marka uu waynaaday aalaaba waxaa loo nisbayn jiray awoowgaas. Waxaana loogu yeeri jiray ash-Shaafici. Nisbadaasoo marar badan ka xoogbadisay magaciisii caadiga ah. Shaafici arrinkiisu wuu waynaaday, wuxuuna noqday qof si wayn loo qadariyo.

Arrintu si kastaba ha ahaatee, Cabdur-Raxmaan ibn Mahdi oo ku abtirsanayay madrasada Ahlul-Xadiiska wuxuu dareensanaa inuu baahi u qabay in talooyin laga siiyo sidii uu masaa'isha fiqiga uga soo dhiraandhirin lahaa axaadiista faraha badan ee uu xafidsanaa. Ibn Mahdi wuxuu Muxammad ibn Idriis ash-Shaafici ka soo codsaday inuu u soo qoro talooyin ku saabsan sidii fiqiga iyo axkaamta looga soo istinbaadi lahaa Qur'aanka iyo Xadiiska. Dalabka noocaas ah ee Ibn Mahdi ka yimi wuxuu noqday mid taariikhda wax ka badalay sababayna horumar wayn oo la xiriira fiqiga Islaamiga ah. Ninka dalabkaas uu ka yimi wuxuu ahaa nin culus.

Imaam An-Nawawi - oo ah caalim lagu kalsoon yahay - wuxuu Cabdur-Raxmaan ibn Mahdi u sifeeyay sidan:

"Cabdur-Raxmaan ibn Mahdi, oo degganaa Basra, wuxuu ahaa hoggaamiyaha Ahlul-Xadiiska, cilmiga iyo aqoonta xadiiskana wuxuu ahaa ninka looga dambeeyo. Wuxuu yiri Cali ibn al-Madiinii: Haddii la i istaajiyo rukniga iyo maqaamka dhexdooda ka dibna la iga dalbo inaan dhaarto, waan ku dhaaran lahaa inaanan arag qof xadiiska ka badiya Cabdur-Raxmaan ibn Mahdi. Axmed ibn Xanbal wuxuu yiri: Cabdur-Raxmaan ibn Mahdi waxaadba mooddaa in loo abuuray xadiiska. Cabdur-Raxmaan ibn Mahdi [oo ah shiikha laga hadlayo] wuxuu yiri: Ma bannaana qofku inuu noqdo imaam cilmiga looga dambeeyo ilaa uu yeesho aqoon uu ku kala saaro waxa ansaxay iyo waxa aan ansaxin, ilaa uu gaaro heer uusan wax walba daliishan gartana ilaha cilmiga lagala soo baxo. Cali ibn al-Madiini wuxuu yiri: Nin ayaa u yimi Ibn Mahdi wuxuuna ku yiri: ... waxaad mar war walba tiraahdaa xadiiskan waa daciif, kanna waa mid xoog badan oo qawi ah, kanna ma ansixin, sidee ayaad ku ogaatay. Ibn Mahdi wuxuu ugu jawaabay: Haddii aad lacag Daraahim ah u gaysid khabiir aqoon u leh lacagaha saxda ah iyo kuwa faalsada ah, ka dibna uu ku yiraahdo: tanna waa fiican tahay tanna waa xun tahay, ma su'aali lahayd sida uu ku ogaaday mise asaga ayaad arrinka u dayn lahayd. Ninkii wuxuu ku jawaabay: Asaga ayaan u dayn lahaa. Ibn Mahdi markaasuu yiri: Arrinkanna kaas ayuu la mid yahay. Waxaa lagu ogaadaa aqoon badan, fadhi dheer, dood-cilmiyeed aan yarayn, aqoon isweydaasri fara badan. .... Ibn Mahdi wuxuu dhashay 135 wuxuuna dhintay 198."

Ibn Mahdi oo ah ninka sidaas loo sifeeyay, sababta keentay inuu Shaafici arrinta noocaas ah ka codsado waxaa sharxay wiilkiisa Muusa ibn Cabdur-Raxmaan. Muusa wuxuu yiri:

"Qofkii u horreeyay oo aragtida fiqiga ee Maalik, Allaha u naxariistee, ka dhaqangeliyay magaaladda Basra wuxuu ahaa aabbahay. Waxaa maalin dhacday in aabbahay uu is toobay, ka dibna wuxuu masaxay meeshuu iska toobay, wuxuuna soo galay masaajidka. Salaad ayuuna tukaday asagoon waysaysan. Arrintaas dadkii magaalada way aqbali waayeen, aabbahayse wuu ku adkaystay falkaas. Aabbahay waxaa soo gaaray warkii Baqdaad ee ku saabsanaa Shaafici. Aabbahay wuxuu warqad u diray Shaafici isaga oo u sheegaya arrinta haysata ..."

Warqaddaas codsiga ah ee ka timi Ibn Mahdi markay soo gaartay, Shaafici wuxuu guda galay sidii uu wax uga qori lahaa mawduucaas. Markii uu dhammaystiray, wuxuu qoraalkiisii u diray Cabdur-Raxmaan ibn Mahdi. Kitaabkaas waxaa sii qaaday shiikh la oran jiray al-Xaarith ibn Sureyj al-Baqdaadi, oo wixii waqtigaas ka dambeeyey loogu naynaasi jiray *"an-Naqqaal"*, dhambaal-side, maadaama uu qaaday ama uu tebiyey dhanbaalka. Dhanbaalkaas ama farriintaas cilmiga ah ama qoraalkaas uu Shaafici u diray Ibn Mahdi wuxuu noqday caan durbadiina waxaa dadku u baxsheen ar-Risaala, Dhanbaalka ama Qoraalka La Tebiyey. Magaca wuxuu tilmaamayaa in kitaabku yahay Qoraal La Diray, ar-Risaala.

Sida uu sheegay Muusa, kitaabkaas markii uu soo gaaray Ibn Mahdi aad ayuu u farxay. Muusa wuxuu yiri:

"... Shaafici wuxuu aabbahay u qoray kitaabka ar-Risaala ka dibna wuu u soo diray. Aabbahay aad ayuu ugu farxay kitaabkaas. Kitaabkaas weli agteenna ayuu yaallaa asaga oo ku qoran fartii waagaas uu ku qornaa."

Ibn Mahdi markuu kitaabkaas akhriyay wuxuu yiri:

"Uma malaynayn inuu Allaah (SWT) abuuray ninkan oo kale".

An-Naqqaal, tebiyihii dhanbaalka, wuxuu yiri:

"Aniga ayaa qaaday kitaabka ar-Risaala ee Shaafici oo u geeyay Cabdur-Raxmaan ibn Mahdi. Markuu kitaabka arkayna wuu la cajabay."

Run ahaantii Shaafici waa shaqsiyad taariikhda saamayn wayn ku leh. Isaga ayaa sabab u ahaa dhacdooyin badan oo taariikhda galay. Wuxuu ahaa taariikh-sameeye.

Ibn Mahdi, oo ah madaxa muxadissiinta, ayaa warqad codsi ah u soo qortay Shaafici oo dhalinyaro ah oo ka yar 15 sano … Shaafici wuxuu warqaddaas uga jawaabay kitaab qiima badan … Shaafici kitaabkaas wuu diray oo wuxuu u sii dhiibay al-Xaarith ibn Surayj ... Ibn Surayjna amaanadaas qofkii ay ku socotay ayuu faraha ka saaray ... Shaafici kitaabkaas magac uma bixin.

Dadka ayaa kitaabkaas u bixiyay ar-Risaala ayaga oo tixraacaya diriddii kitaabkaas la diray ....

Qaadihii kitaabkana waxaa loo bixiyay an-Naqqaal oo ah magac aan ka harin tan iyo wixii xilligaas ka dambeeyay.

Raggii kitaabkaas ka faa'iidaystayna sida Ibn Mahdi iyo raggii kaleba way la cajabeen habka kitaabkaas u qoran yahay iyo mawduuca uu ka hadlayay. Duco iyo ammaan ayay isu raaciyeen Shaafici.

Kitaabka ar-Risaala waa kitaab culus oo ka hadlaya cilmiga la yiraahdo Usuulul-Fiqhi. Waa cilmi ka hadla usuusha ama qawaacidda ay tahay in la adeegsado marka uu qofku rabo inuu xukun ama fiqi ka soo dhiraandhiriyo hadalka sida hadalka Allaah, oo ah Qur'aanka, iyo kan Nebiga (scw) oo ah Sunnada. Ibn Mahdi markii uu soo gaaray kitaabkaas oo uu akhriyey aad buu u farxay, wuxuuna bilaabay inuu mar walba u duceeyo Shaafici. Kitaabku wuxuu indhaha u furay culumada, wuxuuna noqday mid haqabtiray baahidii haysay Ahlul-Xadiiska, wuxuuna siiyey culumadaas hubkii ay isaga difaaci lahaayeen doodaha madrasada Ahlur-Ra'yiga. Kitaabku wuxuu beddelay taariikhda wuxuu libinta siiyay madrasadii Ahlul-Xadiiska, wuxuu meel isugu keenay cilmi baahsanaa. Cilmiga Usuulul-Fiqiga inkastoo mawduuca uu ka hadlo horay uu u jiray oo ay isticmaali jireen culumadii Saxaabada iyo kuwii ka dambeeyey haddana hal meel kuma urursanayn magac gaar ahna ma lahayn. Shaqada uu qabtay Shaafici waxay dhinacyo badan uga eg tahay shaqadii uu qabtay Abul-Aswad Ad-Du'ali, dejiyihii cilmiga naxwaha Carabiga asagoo ka shidaal-qaadanaya talooyinkii saxaabigii weynaa Cali ibn Abii-Daalib (rc). Carabtii hore uma baahnayn in naxwe loo qoro. Maadaama ay luqada u dhasheen carrabkoodu wuu toosnaa, luqada inay khaldaan kama suurtoobin oo si dabiici ah ayay luqada ugu hadli jireen. Waqtigii markuu fogaadayse, Carabtii iyo ummado aan asal ahaan Carab ahayn markay is dhexgaleen, in ku hadalka luqada mararka qaarkood la khaldo ayaa dhacday. Cali ibn Abii-Daalib (rc) oo ka welwelsan luqada Carabiga ee saxda ah inay tafiir go'do ayaa u yeeray Abul-Aswad wuxuuna ku yiri: *"Hadalka Carabigu wuxuu ka kooban yahay Magac, Fal iyo Xaraf ee sidaas oo kale naxwa haadaa u qor qawaacidda Carabiga"*. Markaas ayuu cilmiga naxwaha Carabiga uu noqday cilmi si gaara u taagan. Sidaasoo kale, cilmiga Usuulul-Fiqiga waa la isticmaali jiray ilaa iyo waqtigii hore ee fuqahadii waawaynayd, laga soo bilaabo saxaabada ilaa iyo shuyuukhdii Shaafici wax ka bartay. Hase yeeshee ma qornayn, markii waqtigii culumadii hore laga soo durkayna amaba laga mashquulay cilmigaas, waxaa timid baahi loo qabay in laga dhigo cilmi madax bannaan oo goonni u taagan. Sidaas daraadeed, Shaafici wuxuu noqday qofkii u horreeyey ee dejiyey ama si rasmi ah u qoray cilmiga Usuulul-Fiqiga.

Khabiirka caanka ku ah falanqaynta iyo taxliilinta dhacdooyinka taariikhda iyo ka hadlidda taariikhda cilmiga Ibn Khalduun isaga oo ka hadlaya cilmiga Usuulul-Fiqiga wuxuu yiri:

"Waxaad ogaataa fannigaan cilmiga ah waa mid cusub oo gadaal laga allifay, racii hore ee Muslimiintana uma ayan baahnayn. Maxaa yeelay in macnaha laga soo dhiraandhiriyo erayada uma baahna wax ka badan aqoonta dabiiciga ah oo ay u lahaayeen luqada. Marka la eego qawaaniinta loo adeegsado soo dhiraandhirinta axkaamta, badankeeda racaas hore ayaa laga soo qaatay. Marka la eego sanadka ama silsiladda xadiiska lagu weriyo uma ayan baahnayn maxaa yeelay waqtigooda oo u dhowaa [waqtigii Nebiga scw] ... Markii xilligii racaas hore uu tegay cilmiguna uu noqday fanni kasbasho u baahan sidaan horayba u soo sheegnay fuqahada iyo mujtahidiintu waxay u baahdeen inay kasbadaan qawaaniinta iyo qawaacidda loo adeegsado in axkaam iyo xukun laga soo dhiraandhiriyo daliilka. Taas ayaa keentay in cilmigaas la qoro oo uu noqdo cilmi madaxbannaan oo goonni u taagan, waxayna u baxsheen Usuulul-Fiqhi. Qofkii u horreeyay oo qoray wuxuu ahaa Ash-Shaafici, Allaha ka raali noqdee. Wuxuu ardaydiisii u yeeriyay risaaladii caanka ahayd ee uu ku xusay amarrada, nahyiga, bayaanka iyo caddaynta, khabarka, nasakhidda xukunka iyo xukunka la xiriira cillada ama sababta la qayaxay ee Qiyaaska ka mid ah."

Arrintu si kastaba ha ahaatee, Shaafici markii muddo 10 sano ah qiyaastii uu joogay Makkah, wuxuu bilaabay inuu u tabaabushaysto socdaal uu ku tegayay magaalada Baqdaad oo ay mar hore ugu dambeysay.

SAFARKII LABAAD EE BAQDAAD

Sannadku waa 195, Shaafici waa 45 jir, wuxuu soo galay magaalada Baqdaad oo toban sano ka hor ay ugu dambeysay. Haaruun ar-Rashiid, khaliifkii Islaamka, wuxuu sii mootan yahay muddo hal sano ah. Khaliif kale ayaa xilkii la wareegay. Sidoo kale ash-Sheybaani, shiikhii Shaafici uu safarkii hore la kulmay, waa uu geeriyooday oo lix sano ayuu sii mootan yahay.

Shaafici markaan fursad fiican ayuu u helay inuu cilmigiisii ku faafiyo Baqdaad. Xalqooyin iyo goobo fara badan oo cilmiga lagu barto ayuu tegi jiray oo uu wax ka akhrin jiray. Si weyn ayuu u difaacay Sunnada Nebiga (scw) wuxuuna ku nuuxnuuxsaday ahmiyadda ay leedahay Sunnadu iyo waajibnimada raaciddeeda - ilaa uu gaaray heer ay dadku ugu naaneysaan *"Naasirus-Sunnah"*, Difaacihii Sunnada. Culumadii iyo ardaydii dalbaysay cilmiga isaga ayey soo hor fariisteen. Culumo fara badan ayaa u riyaaqay qaddarinta uu siinayo Sunnada. Taasina waxay keentay culumadaas inay shiikha arday u noqdaan kana tanaasulaan mad-habkii Ahlur-Ra'yiga oo ay markii hore ku qanacsanaayeen. Culumadaas waxaa safka hore uga jiray Abuu-Thawr Ibraahiim ibn Khaalid, oo ka mid ahaa fuqahadii Ciraaq kuna abtirsanayay madrasada Ahlur-Ra'yiga. Abuu-Thawr wuxuu laasimay Shaafici aad ayuuna ula cajabay cilmigiisa, wuxuuna aad ugu farxay inuu fursad u yeeshay inuu cilmiga ka qaato. Abuu-Thawr waxaa laga soo guuriyey inuu yiri, asaga oo tilmaamaya sababta keentay inuu markiisii hore raaco Ahlur-Ra'yiga kana leexdo Ahlul-Xadiiska: *"Ahlul-Xadiisku waxay ku mashquuleen sidii ay riwaayaad farabadan u werin lahaayeen taasina waxay keentay inuy ku mashquulaan fiqiga".* Abuu-Thawr wuxuu ahaa nin lagu yaqaannay haysashada Sunnada.

Az-Zacfaraani isna wuxuu ka mid ahaa ardaydii cilmiga Shaafici dhaxashay. Wuxuu mas'uul ka ahaa akhrinta kutubta marka la joogo xalqada Shaafici, amaba wuxuu ahaa weriyihii gaarka ahaa ee cilmiga

Shaafici. Hadallada dhaxal-galka ah ee az-Zacfaraani laga weriyaa waxaa ka mid ah: *"Markii kitaabka ar-Risaala aan Shaafici hortiisa ka akhriyay oo uu maqlay akhrinteyda wuxuu yiri: Carabta aad ka soo jeeddid xaggee degaan. Waxaan iri: Carab ma ihi ee waxaan ka imi meesha la yiraahdo az-Zacfaraaniya. Markaas Shaafici wuxuu igu yiri: Waxaad tahay odayga ama sayidka az-Zacfaraaniya".* Az-Zacfaraani isaga oo hadalkiisa sii wata wuxuu yiri: *"Kutubta Shaafici waxaan akhrinayey, dadkana ka dhegeysanayay ilaa iyo 50 sano".* Az-zacfaraani wuxuu calanka u siday minguurinta cilmiga Shaafici uu faafiyey muddadii Ciraaq uu joogay.

Sidoo kale Axmed ibn Xanbal, ninka noqon doonaa hormuudka cilmiga xadiiska, lana magac baxay Imaamus-Sunnah ayaa ka mid ahaa culumadii wax ka qaadatay Shaafici. Axmed ibn Xanbal kama harin Shaafici intii uu joogay Baqdaad. Xalqa walba oo Shaafici ku akhriyay kutubtiisa waa uu fadhiyey, waa xilligaan labaad ee safarkiisee. Axmed ibn Xanbal waxaa laga sheegaa inuu yiri: *"Waxaan naasikha iyo mansuukha kala garannay markii Shaafici noo yimid".* Waxaa kaloo ka mid ahaa ereyada uu oran jiray: *"Shaafici wuxuu la mid ahaa qorraxda iyo caafimaadka oo kale - Adduunku qorrax kama maarmi karo, jirkana caafimaad kama maarmi karo. Labadaas wax booskooda geli kara ma jiraan".* Waxaa kaloo laga weriyey inuu ku tilmaamay Shaafici inuu yahay mujaddidka, soo nooleeyaha diinta, ee qarniga labaad - isagoo fasiraya xadiiska tilmaamaya in qarni walba Allaah (SWT) uu ummadda Islaamka u soo saari doono qof soo nooleeya arrimaha diinta. Axmed wuxuu dhashay sannadkii 164, wuxuuna ka yaraa Shaafici afar iyo toban sano. Maalin maalmaha ka mid ah nin ayaa arkay Axmed oo haysta hoggaanka baqashii uu Shaafici saarnaa, ninkii ayaa Axmed kula taliyay sidaas inayan fiicnayn. Axmed baa ugu jawaabay *"Hoggaanka dhiniciisa kale inaad soo qabsatid baa adna kuu anfac badnaan lahayd".* Shaafici aad ayuu u ixtiraami jiray Axmed, waana uu ka faa'iideysan jiray gaar ahaan axaadiista ay weriyaan culumada joogta gobolka Ciraaq iyo dhulka ku xeeran. Maxaa yeelay Shaafici markii hore wuxuu qabay inaan la qaadan karin axaadiista reer Ciraaq ay weriyeen maadaama aan la hubsan karin sixadooda. Ad-Dahabi oo arrintaas ka hadlayana wuxuu yiri: *"Shaafici wuxuu yiri: Xadiis walba oo ka yimaada Ciraaq isla markaasna aan asal ku lahayn gobolka Xijaaz, ha qaadan ... Markii dambase Shaafici wuu ka soo noqday ra'yigaas wuuna aqbalay axaadiista isnaadkoodu saxiixa yahay ee ay [reer Ciraaq] weriyeen"*. Shaafici wuxuu ahaa reer Xijaaz, wuxuuna aad u yaqaannay axaadiistooda. Sidaa darteed, wuxuu raggii Ciraaq iyo dhulka u dhow axaadiistooda yaqaannay ee reer Ciraaq ahaa ka codsaday inay la socodsiiyaan axaadiista dhulkaas ee saxiixa ah. Wiilkii Axmed ibn Xanbal wuxuu yiri: *"Waxaan maqlay aabbahay oo oranaya: Shaafici ayaa igu yiri idinka ayaa igu badiya akhbaarta saxiixa ah ee haddii uu jiro khabar saxiix ah ila soo socodsiiya Si aan u qaato khabarkaas ha ahaado mid ay weriyeen reer Kuufa, reer Basra ama reer Shaam."* Axaadiista uu Shaafici leeyahay idinkaa iga badiya wuxuu ula jeedaa axaadiista lagu weriyey gobollada kale ee ah kuwa uu markii hore ka shakisanaa. Riwaayaddaas waxay tilmaamaysaa in Shaafici uu carrabaabay Kuufa, Basra iyo Shaam kumana uusan darin gobolka Xijaaz - maxaa yeelay axaadiista gobolka Xijaaz asaga ayaa ku aqoon badnaa. Axmed ibn Xanbal oo horay culumo kale oo ardaydii Maalik ahaa ka bartay kitaabka al-Muwadda' ee lagu akhrin jiray gobolka Xijaaz, ayaa markii uu la kulmay Shaafici mar labaad kitaabka ka weriyey maadaama riwaayadiisu ay sugnayd. Shaafici wuxuu ku tilmaamay Axmed inuu yahay nin fiqi badan, xalaal-miirasho ama warac ku sifoobay, aqoon sarena leh.

Caalimkii weynaa al-Xusayn ibn Cali al-Karaabiisi, oo ka baayacmushtari jiray gadidda dharka qarada weyn ee al-Karaabiis la oran jiray, isna wuxuu ka mid ahaa culumadii wax ka baratay Shaafici. Sida Abuu-Thawr, markii hore wuxuu ahaa mid taabacsan mad-habka Ahlur-Ra'yiga, ka dibse wuxuu laasimay Imaam Shaafici. Asna wuu ka qaybqaatay werinta cilmigii Shaafici ee Ciraaq looga dhaxlay, gaar ahaan kitaabkii qadiimka ahaa ee Shaafici uu ka weriyey oo lagu qiyaasay inuu ahaa kitaab hal xirmo ah oo weyn.

Al-Karaabiisi iyo Abuu-Thawr oo markii hore ka mid ahaa mad-habka Ahlur-Ra'yiga, ayaa markuu Shaafici soo galay magaalada Baqdaad is wargaliyey ka dibna si ay u soo arkaan falankeedii qabtay. Abuu-Thawr oo arrinkaas ka warramaya ayaa yiri: *"Markii Shaafici soo galay Ciraaq waxaa ii yimi al-Karaabiisi oo sidaydoo kale tagi jiray goobaha Ahlur-Ra'yiga. Wuxuu igu yiri waxaa yimi nin ka mid ah Ahlul-Xadiiska oo fiqi inuu yaqaan sheeganaya ee na keen aan ka soo maadsannee. Waan israacnay, markii aan u nimi Shaafici, al-Karaabiisi ayaa su'aalo su'aalay. Shaafici jawaabtiisu waxay noqotay: Allaah (SWT) wuxuu yiri ... Rasuulka (scw) wuxuu yiri ... Sidaas ayuu jawaabtii ku waday ilaa aan ka wareerno. Markaas ayaan bilawnay inaan ka tagno waxaan isku soo dhoodhoobnay asagana aan raacno."*

Nin kale oo la yiraahdo Ibraahiim al-Xarbi oo ka warramaya marka Shaafici soo galay Baqdaad wuxuu yiri: *"Shaafici markii uu soo galay Baqdaad, Asxaabur-Ra'yiga waxay ku haysteen masaajidka Jaamica ah ee ku yaallay galbeedka magaalada labaatan xalqo oo ay wax ka akhriyaan. Markii la gaaray Jimcadii labaad xalqooyinkaas ama goobahaas waxaa ka soo haray saddex ama afar goobood oo keliya."*

Az-Zacfaraani asagu wuxuu yiri: *"Shaafici markii uu yimi magaalada waan u nimi, wuxuu yiri raadsada qof kitaabka idiin akhriya, dabadeedna aniga ayuu ii doortay muhimmadaas ... waxaan akhriyay dhammaan kutubtiisa marka laga reebo laba kitaab oo asagu uu toos u akhriyay. Labadaas kitaabna waxay ahaayeen al-Manaasik iyo As-Salaah, kitaabka Axkaamta Xajka iyo kan Salaadda..."*

KU SOO NOQOSHADII MAKKAH

Laba sano ka dib, Shaafici wuxuu haddana ku soo laabtay Makkah oo ahayd magaaladii uu ku soo barbaaray ee uu degganaa isla markaasna laga yaqaannay. Haddana, xilligan xilliyadii hore waa uu ka duwanaa maxaa yeelay safarkan uu Baqdaad uga soo laabtay wuxuu kor u sii qaaday magaciisa, wuxuuna Makkah ku soo laabtay sheekadiisii Ciraaq oo ka sii horraysa.

Shaafici markaan waa imaam, caalim, mujtahid mudlaq ah, naaqid, faqiih, difaacaha sunnada. Wuxuu kutub ka qoray qaybaha kala duwan ee culuumta Islaamka.

Dad farabadan ayaa ku soo xirmay goobihii cilmiga uu ka akhrin jiray ee Makkah. Maalin maalmaha ka mid ah, waxaa masaajidka soo galay Axmed ibn Xanbal oo ah shiikhii Baqdaad ay ku soo kulmeen. Axmed waxaa la socday Isxaaq ibn Raahaweyhi, caalimkii gobolka Khuraasaan. Ujeeddadoodu waxay ahayd inay tagaan xalqada xadiiska ee Sufyaan ibn Cuyayna uu ku lahaa Xaramka. Marka ay xalqada cabbaar fadhiyeen, Axmed ayaa wuxuu Isxaaq ku yiri: *"Na keen waxaan ku tusayaa nin isagoo kale weligaa aadan arag"*. Siduu u sii waday ayuu wuxuu u geeyay Imaam Shaafici. Nin dheer oo cad, qurux badan, haybad ay ka muuqato, oo masaajidka dhinac ka mid ah fadhiya. Isxaaq oo xanaaqsan ayaa wuxuu ku yiri Axmed: *"Intaad naga soo wadday xalqadii Sufyaan miyaad waxaad noo keentay ninkan"*. Axmed wuxuu ku jawaabay *"Haddii xadiiska uu werinayo Sufyaan uu kugu dhaafo sanad caali ah (sanad gaaban) waxaad heli kartaa asaga oo sanad naazil ah (sanad dheer) - oo uu ula jeedaa haddii aadun shiikha toos uga qaadan xadiiska waxaad ka sii werin kartaa ardayda xadiiska dhegeysanaysa - hase yeeshee caqliga Shaafici hadduu ku gefo meel kale ka heli meysid"*. Hadalkaas Axmed ka dib, Isxaaq wuu aqbalay inuu la fariisto Shaafici cabbaar ayuuna la sheekaystay.

Isxaaq ibn Raahaweyhi wuxuu isku dayay inuu su'aal weydiiyo Shaafici, taasoo keentay in ay dood-cilmiyeed wada yeeshaan.

Isxaaq: Ka warran guryaha Makkah, ma la kireyn karaa mise maya?

Shaafici (oo aan si ladifan u hadlaya): Haa waa la kirayn karaa.

Isxaaq ibn Raahawayhi (oo si adag u hadlaya): Maxaa daliila oo aad jawaabtaada u haysaa?

Shaafici (ka dib markuu xadiis sheegay): Xadiiskaas ayaa daliil u ah mas'alada aad i weydiisay.

Isxaaq ibn Raahawayhi ayaa hadalkii qabsaday, ka dibna wuxuu isdaba dhigay hadal farabadan oo aan kala go' lahayn, Shaaficina wuu iska aamusnaa. Isxaaq markii uu dooddiisii dhammaystay wuxuu fiiriyay saaxiib la socday oo ay isku meel ka yimaadeen. Waxayna ku wada hadleen luqad kale oo gobolkay ka yimaadeen looga hadli jiray iyaga oo yaraysanaya ninka ay la doodayaan.

Shaafici (oo dareemay in asaga wax laga sheegay): Ma waxaad rabtaa inaad dood-cilmiyeed ila yeelatid?

Isxaaq ibn Raahawayhi: Meeshaba dood-cilmiyeed inaan kula yeesho baan u imi.

Shaafici: Allaah (SWT) wuxuu yiri: *"Kuwa guryahooda laga soo Saaray ..."* [Suuradda al-Xaj: 40]. Allaah (SWT) yuu guryaha u nisbeeyay? Ma dadkii lahaa mise kuwa aan lahayn?

Isxaaq: Dadkii lahaa ayuu u nisbeeyay.

Shaafici (oo hadalka sii wata): Nebiga (scw) wuxuu maalintii Makkah la furtay yiri *"Qofkii gala guriga Abuu-Sufyaan waa aammin. Qofkii soo xirta albaabkiisa waa aammin".* Guryaha ma wuxuu u nisbeeyay dadkii lahaa mise kuwa aan lahayn?

Isxaaq: Dadkii lahaa.

Shaafici (oo aan weli hadalkii ka harin): Cumar ibn al-Khaddaab (ra) wuxuu gatay guri uu ka dhigay xabsi. Ma wuxuu ka gatay qofkii guriga lahaa mise qof aan lahayn?

Isxaaq: Wuxuu ka gatay qofkii lahaa.

Isxaaq (oo soo xasuustay daliil ayaa hadalkii ku soo noqday): Waxaad akhrisaa aayadda oranaysa *"Waxaa u siman kuwa ku nag iyo kuwa socdaalka ku yimi ..."* *[Suuradda al-Xaj: 25]*.

Shaafici: Aayadda horay ka soo akhri *"... Masaajidka Xaramka kaasoo aan dadka u samaynay, waxaa u siman kuwa ku nag iyo kuwa socdaalka ku yimi ..."* *[Suuradda al-Xaj: 25]*. Aayaddu waxay ka hadlaysaa Xaramka. Haddaba arrintaas waxay gaar u tahay Masaajidka Xaramka.

Isxaaq (ayaa hadalkii qabsaday): Laakiin culuma farabadan oo ka mid ah taabiciinta ayaa waxay qabeen inaan guryaha Makkah la kirayn karin. Caddaa, Daawuus, Ibraahiim, Xasan ....

Shaafici (oo milicsaday dadkii meesha joogay): Ninka ila doodaya waa kuma.

Dadkii Goobta Joogay: Waa Isxaaq ibn Raahaweyhi.

Shaafici: Ma waxaad tahay ninka reer Khuraasaan shiikha u ah oo ay sheegaan inuu faqiihooda yahay.

Isxaaq: Sidaas ayay sheegaan.

Shaafici: Waxaa fiicnaan lahayd in qof aan adiga ahayn uu maantay noqdo qofka ila doodaya. Waxaan ku leeyahay 'Rasuulku (scw) wuxuu yiri'. Adigana waxaad leedahay 'Caddaa, Daawuus, Ibraahiim, Xasan ... sidaas ma qabin'. Ma waxaa jira qof hadalka nebiga (scw) hadalkiisa lala simi karo?

Isxaaq markii uu arkay meesha in laga dood badiyay, waa uu kacay wuuna iska tegay.

Shaafici wuxuu xilligan ku nagaaday magaalada Makkah muddo aan aad u dheerayn. Markaas ka dibna wuxuu markii saddexaad u socdaalay Baqdaad. Shaafici wuxuu magaalada Makkah uga soo tegay culumo farabadan oo cilmigiisii dhaxlay. Qaar culumadaas ka mid ah waxay Makkah ka akhrin jireen, kuna fatwoon jireen mad-habkii ama waddadii-aqooneed ee laga bartay Shaafici. Raggaas waxaa ka mid ahaa Abul-Waliid Muusa ibn Abil-Jaaruud al-Makki.

SAFARKII SADDEXAAD EE BAQDAAD IYO SOCDAALKII MASAR

Sannadka taariikhda Hijrigu markuu ahaa 198, Shaafici oo 48 jir ah, ayaa waxa uu yimid Baqdaad. Wuxuu joogay meeshaas muddo saddex bilood iyo maalmo ah, ka dibna wuxuu go'aansaday inuu u safro Masar. Inta uusan Baqdaad ka tegin, Imaam Shaafici waxay ismacasalaameeyeen ardaydiisii. Axmed ibn Xanbal isagu wuxuu si gaara shiikha ugu sheegay inuu Masar uga daba iman doono. Inkastoo arrintaas Axmed ayan u suuragelin duruufo la soo gudboonaaday aawgood.

Dhinaca kale, ragga safarkaas ku weheliyey waxaa ka mid ahaa Cabdullaahi ibn az-Zubayr al-Xumaydi, oo reer Makkah ahaa, kana mid ahaa raggii ku takhasusay xadiiska. Inta uu waddada ku sii jiray oo uusan gaarin Masar, Shaafici waxa uu sii maray dhul badan oo uu qaarkiis ku hakaday. Inta uu ku sii jiray socdaalkaas dheer, wuxuu mar walba ku hawlanaa allifaadda mawaadiic cilmi ah oo kala duwan. Ar-Rabiic ibn Sulaymaan al-Muraadi oo ah raggii ay soo wada galeen Masar, wuxuu Shaafici kula kulmay magaalada Nasiibiin oo ka mid ahayd marinnada imaamku sii maray. Ar-Rabiic oo ka warbixinaya aragtidii uu Shaafici ku arkay Nasiibiin waxa uu tilmaamay in imaamku uusan waqtigiisa dayici jirin. Lama arag asaga oo maalin khasaariyey ama habeen hurda, intaas wuxuu ku mashquulsanaa allifaadda baababka kala duwan ee cilmiga. Habeenkii wuxuu iska gaabin jiray faynuusta, dhinaca ayuu dhulka dhigi jiray, wuxuu ka fekeri jiray masaa'isha cilmiga. Haddii ay ku soo dhacdo mas'ala cilmi ah, wuxuu codsan jiray in faynuusta loo shido ka dibna mas'alada ku soo dhacday ayuu meel ku qori jiray si ayan uga lumin.

Ar-Rabiic wuxuu ahaa mu'addinkii ka addimi jiray masaajidka jaamica ah ee ku yaallay Fusdaat - Masaajidka Jaaamica ah ee Camar ibn al-Caas. Marka ay kulmeen, Shaafici wuxuu ka waraystay ar-Rabiic xaaladda Masar iyo dadkii joogay. Ar-Rabiicna arrintaas warbixin kooban ayuu ka siiyay.

Shaafici: Rabiicow, ka warran Masar? Yay ahaayeen culumada joogtay?

Ar-Rabiic: Masar markii aan ka soo tegayay waxaa ka jiray laba kooxood oo calanka u sida barashada cilmiga. Koox waxa ay u janjeeraan fiqiga Abuu-Xaniifa, meesha kuwa kalena ay daraasaynayeen mad-habka Maalik.

Shaafici: Haddii Masar aan nabad tago, waxaan soo bandhigi doonaa cilmi labada kooxoodba ku cusub, Insha Allaah.

Safarku wuu dheeraa, jidkuna ma dhowayn, ugu dambayntiise Shaafici wuxuu sii maray Dimishiq. Amaba waxaa dhici karta inuusan Dimishiq marin hase yeeshee uu sii qaaday marinkii ka soo leexan jiray xeebta soona gaari jiray Dimishiq. Ka dibna wuxuu u gudbay Masar. Ibn Casaakir oo qoray kitaab qiima leh - oo la yiraahdo Taariikhda Magaalada Dimishiq (Taariikhu Madiinati Dimishq) - oo ka hadlaya taariikhda magaaladaas oo uu ku tilmaamay inay tahay hooyadii gobolka Shaam, ragga uu kitaabkaas uga hadlay waxaa ka mid ahaa Imaam Shaafici. Wuxuuna ka qoray taariikh aan yarayn. Wuxuuna kitaabkaas ku taxay magacyada culumadii Shaafici wax ka weriyey iyo ardaydii isaga wax ka werisay. Ka dibna wuxuu sheegay in Shaafici uu markii uu u sii socday Masar sii maray Dimishiq ama marin-xeebeedka ku soo dhaca Dimishiq. Marin-xeebeedkaas oo ka mid ahaa dhowr waddo oo soo gaaraysay kuna kala bayraysay magaalada Dimishiq. Ibn Casaakir wuxuu yiri: *"Markii uu u sii socday Masar, Shaafici wuxuu sii maray Dimishiq ama marin-xeebeedka ku soo dhaca Dimishiq"*.

Shaafici socdaalkiisan wuxuu ku wajahnaa magaalada Fusdaad oo ahayd caasimadda gobolka Masar. Magaaladaas waxay ahayd xarun laf-dhabar u ah xiriirka ganacsi ee Bariga iyo Galbeedka Caalamka Islaamka - Bariga (al-Mashriq) sida gobollada Xijaaz, Ciraaq, Shaam, Khuraasaan iwm iyo Galbeedka (al-Maqrib) sida gobollada al-Andalus (Spain iyo Portugal), Waqooyiga Afrika iyo wixii la halmaala. Magaca *"Fusdaad"* oo macnahiisu yahay 'Teendho' wuxuu ka tarjumayaa bartii uu teendhada ka dhistay abaanduulihii Muslimiinta ee furtay Masar. Xilligii majaraha maamulka Islaamka

Cumar ibn al-Khaddaab (rc) uu hayay, abaan-duule Camar ibn al-Caas (rc) markii uu furtay Masar, wuxuu degay oo teendhadiisa uu ka dhistay daanta-bari ee webiga Niil. Ka dib markii ay ku wada-xiriireen *"al-Bariid"* ama nidaamkii isgaarsiinta ee xilligaas, Cumar ibn al-Khaddaab (rc), asaga oo ka duulaya aragti-istaraatiijiyadeed, wuxuu Camar (rc) iyo ciidamadii la socday kula taliyay inay magaalo-cusub ka dhistaan daanta-bari ee webiga ayna ka talabaxaan degitaanka Aleksandariya. Markaas ayuu Camar (rc) meeshii teendhada uga dhisnayd dhigay dhagaxii aasaaska u noqday magaalada cusub. Asaga oo ku dayanaya degitaankii Nebiga (scw) ee Madiina, Camar ibn al-Caas (rc) wuxuu hawshii ugu horreysay ka bilaabay dhisidda masaajid Jaamic ah. Dhismaha masaajidku wuxuu ahaa mid sahlan una eg masaajidka Nebiga (scw) uu ka dhisay Madiina. Waxyaalaha kale oo uu dhisay waxaa ka mid ahaa Aqalka Degaanka ee Maamulka Dawladda. Ciidamadii la socdayna wuxuu u dhisay dhulkii ku aaddanaa hareeraha dhismahaas cusub. Masaajidka Camar ibn al-Caas (rc) iyo Aqalkaas aaggii ay ku yaalleen wuxuu farasmagaale u noqday Fusdaad. Magaalada waxay ahayd caasimaddii Masar waxaana barasaab ka ahaa isla Camar (rc), waxayna maamul-ahaan hoos imaanaysay maamulkii Madiina. Muddo ka dib, magaalada way ballaaratay, waxaana maamulkeeda isaga dambeeyey rag farabadan. Waxayna noqotay magaalo si fiican u dhisan, xarunna u ah ganacsiga iyo baayacmushtarka. Qarniyo farabadan ka dib, magaalada waa laga guuray waxaana la soo degay meel aan ka fogayn oo ah deegaanka loogu yeero Qaahira. Magaaladii Fusdaad muddo ka dib way xabaalantay, aaggay ku taallayna maantay wuxuu ku beegan yahay koonfurta Qaahira. Xafriyaad ama qodaallo aarkiyoolaji ah oo la sameeyey iyo qoraallada-taariikheed labaduba waxay isaga marag-kaceen in magaaladu lahayd dhismayaal dabaqyo ah.

Waxba yaanan war kugu daalinee, Shaafici meesha uu u socday waa Fusdaad oo markaas weli caasimad u ahayd Masar. Masaajidka magaalada ku yaallay waa isla masaajidkii jaamica ahaa ee Camar ibn al-Caas (rc) uu dhisay hase yeeshee dib-u-habayn lagu sameeyey. Waxaana xilligan ka addimayay ama mu'addin ka ahaa ninka la yiraahdo ar-Rabiic ibn Sulaymaan al-Muraadi oo loogu naynaaso al-Mu'addin.

NOLOSHII MASAR

Sannadkii 199aad, Shaafici waxa uu soo galay magaalada Fusdaad. Wuxuu ku soo degay reer Banii Cabdil-Xakam oo soo dhaweeyey. Culumada iyo ardayda meeshaas joogtay waxay haysteen mad-habka Imaam Maalik iyo kan Imaam Abuu-Xaniifa. Sidaan horay u soo aragnay, Shaafici aragtidiisa fiqiga waa mid madaxbannaan oo aan ku tiirsanayn mad-hab gaara. Axaadiista Nebiga (scw) ayaa mad-hab u ah; mas'aladii waafaqda xadiiska waa sax, tii aan sidaas ahayna waa laga tegayaa. Shaafici duruus cilmi ah ayuu ka bilaabay magaalada. Shaafici markii uu yimi Masar ee uu bilaabay inuu cilmiga iyo aqoonta faafiyo, wuxuu samaystay jadwal xaddidaya muddada uu ka shaqeynayo waxbaridda iyo gudbinta aqoonta iyo jadwal kale oo nidaaminaya allifaadda kutubta iyo cibaadada habeenkii. Sidaan ayuu ahaa jadwalkiisa.

JADWALKA GELINKA HORE

Xisada Koowaad:

Culuumta Qur'aanka, oo xilligoodu ahaa marka Salaadda Subax la tukado. Waxaa imaanayay ardayda baranaysay culuumta kala duwan ee la xiriirta Qur'aanka. Ka dib waa ay tegayeen marka ay dhameystaan.

Xisada Labaad:

Culuumta Xadiiska, oo waqtigeedu ahaa marka ay qorraxdu soo baxdo. Waxaa imaanayey ardayda barata culuumta la xiriirta Xadiiska.

Xisada Saddexaad:

Aqoon isweydaarsi iyo cilmi-baaris. Waxay ku beegnayd waqtiga barqada. Waxayna ahayd kulan furan oo laga wada soo qayb geli karo.

Xisada Afaraad:

Luqada Carabiga, culuumta Gabayga iyo curintiisa, Naxwaha iwm. Waxayna bilaabanaysay xisada saddexaad ka dib ilaa iyo bartamaha maalinta. Waxaa imaanayay ardayda barata cilmiga luqada iyo qaybihiisa kala duwan.

Hawshaas haddii la isku daro waxay soconaysay ilaa iyo 8 saacadood, ka dibna marka la gaaro bartamaha maalinta ama duhurka waxaa la soo gunaanadayay barnaamijkaas.

JADWALKA HABEENKII

Quybtu Koowaad ee Habeenka:

Qoritaan, allifaad, tafatiridda kutubta cilmiga iyo naqtiimidda kuwii hore.

Qaybta Labaad ee Habeenka:

Hurdo iyo nasasho

Qaybta Saddexaad ee Habeenka:

Salaatulayl

Imaam Shaafici, Allaha u naxariistee, oo sida aan arki doonno waqti yar joogay Masar, barnaamijkaas uu degsaday wuxuu keenay in laga dhaxlo cilmi farabadan.

Si kastaba ha ahaatee, imaamku wuxuu yeeshay arday farabadan oo ka aflaxday goobtiisii cilmiga. Wuxuu fursad u helay inuu dib u eego masaa'ishii fiqiga ahayd ee uu soo fatwooday intuu Ciraaq joogay iyo kutubtii uu horay u soo qoray. Natiijadu waxay noqotay inuu kitaabkii ar-Risaala mar labaad qoro oo uu muraajaceeyo, isla markaasna masaa'ishii uu Ciraaq ku fatwooday iyagana qaar ayuu ka noqday asaga oo mar walba ka shidaal qaadanayay Sunnada, ogaana Sunnadu inay mar walba ka weyn tahay ra'yigiisa.

Inta uu joogay Masar, difaacidda madrasada Ahlul-Xadiiska qaybaha ugu weyn ee uu ka geystay Shaafici, Allaha u naxariistee, waxaa ka mid ahaa ku biiridda silsiladdii jawaab-celinta. Abuu-Xaniifa, shiikhii reer Ciraaq, ahaana hormuudkii madrasada Ahlur-Ra'yiga, ayaa waxa uu qoray kitaab ka hadlayay qaybo ka mid ah siyaasadda khaarijiga iyo tan daakhiliga ee dawladda Islaamka. Kitaabkaas as-Siyar, wuxuu in badan ka hadlay daliishadayna siiradii Nebiga (scw) iyo dagaalladii dhexmaray Muslimiinta iyo gaalada. Waqti waqtiyada ka mid ah ayaa waxaa kitaabkaas arkay al-Awzaaci, shiikhii Beyruut ee gobolka Shaam, ahaana caalim ka mid ah Ahlul-Xadiiska. Al-Awzaaci ayaa dadkii kitaabka u keenay ku yiri: *"Yaa allifay kitaabkan"*. *"Abuu-Xaniifa"* ayaa loogu jawaabay. *"Oo reer Ciraaqna see wax uga qori karaan dagaallada Muslimiinta iyo gaalada dhexmaray waqtigii Nebiga (scw)"* ayuu al-Awzaaci yiri. Wuxuu ula jeedaa dagaalladaas dhulka ay ka dhaceen ma ahayn Ciraaq ileen goor dambe ayaa la furtaye. Waxay galeen arrin aan takhasuskooda ahayn. Al-Awzaaci wuxuu marka bilaabay inuu sameeyo qoraal uu uga jawaabayo kitaabkaas, gaar ahaan meelaha uu arkay in laga xoog badan yahay. Muddo ka dib, jawaab-celinta al-Awzaaci ee kitaabka Abuu-Xaniifa, waxaa helay Abuu-Yuusuf, ardaygii Abuu-Xaniifa. Inkastoo uu oggolaa in dagaalladaas Ciraaq ayan ka dhicin, haddana Abuu-Yuusuf wuxuu ku doodayay inayan qasab ahayn inaad joogtid meesha dagaalladu ka dhaceen haddii aad wax ka qoreysid. Arrintaas waxaa caddayn u noqon karta riwaayad oranaysa in saxaabigii Ibn Cumar uu soo maray goob cilmiyeed Imaam ash-Shacbi, oo reer Ciraaq ahaa, uu ka akhrinayo dagaalladii dhexmaray Muslimiinta iyo gaalada ee waqtigii Nebiga (scw). Ibn Cumar oo la yaabban aqoonta ash-Shacbi ayaa yiri *"Annagii ka qayb galnay dagaalladaas xitaa waa naga badiyaa ka taariikhaynta sidii dagaalladaas u dhaceen"*. Ka dib, Abuu-Yuusuf wuxuu sameeyay qoraal uu uga jawaab-celinayo jawaab-celintii al-Awzaaci uga jawaabay kitaabkii Abuu-Xaniifa.

.

Markii uu Masar yimi ka dib, Shaafici ayuu kitaabkaas gacanta u soo galay. Marka uu diraasad qoto dheer ku sameeyey kitaabkaas, wuxuu bilaabay isagana inuu jawaab-celin ka qoro jawaab-celintii Abuu-Yuusuf uu ka qoray jawaab-celintii al-Awzaaci uu ka qoray kitaabkii Abuu-Xaniifa ee ku saabsanaa qaybo ka mid ah fiqiga la xiriira arrimaha maaraynta siyaasadda dawladda, dibadda iyo gudahaba. Waa kitaab taariikhi ah, uu ka buuxo cilmi fara badan, soo marayna gacmaha culumo waaweyn: Abuu-Xaniifa, al-Awzaaci, Abuu-Yuusuf iyo ugu dambeyntii Shaafici. Jawaabcelinnadaas waxaa ka muuqatay caddaalad iyo garsoor, isku xadgudbid ma jirin, waxa laga hadlayo waa masaa'il cilmi ah. Tusaale ahaan masaa'isha qaarkood Abuu-Yuusuf waxa uu ku khilaafayey shiikhiisa Abuu-Xaniifa, wuxuuna oranayay mas'aladan waxaa ku saxsan al-Awzaaci. Kitaabku waxa uu ka tarjumayaa mawqifka culumadaas. Cilmiga cid loogu aabba yeelayo ma jirin. Hadba daliilka ayaa la raacayay. Tacassub ma jirin. Ku kala duwanaanshaha masaa'isha fiqigana ma ahayn mid ixtiraamka qofka uu lahaa ka xayuubinaysay.

Kutubtii uu qoray intuusan Masar imaan iyo masaa'ishii fiqiga ee uu fatwooday intuu Ciraaq joogay wuu muraajaceeyey wax badan ayuuna ka beddelay si uu u sii hagaajiyo. Masaa'ishii uu horay u fatwooday intuu Ciraaq joogay iyo kutubtii horeba waxay noqdeen Mad-hab Qadiim ah ama mad-hab hore ee Shaafici lahaan jiray. Haddase waxa uu fatwooday masaa'il cusub oo ka duwan kuwii hore amaba Mad-hab Jadiid ah. Kutubta uu Masar ku qoray waxaa ugu caansanaa kuwii ardaydiisii qaar ka mid ah ay ku uruuriyeen kitaabka al-Umm, Hooyo. Sidoo kale wuxuu dib u qoray amaba uu mar labaad tafatiray kitaabkiisii ar-Risaala. Ar-Risaala al-Jadiida, ama ar-Risaalada Cusub, waa ay ka yara duwan tahay midda qadiimka ah.

Imaam Shaafici wuxuu ardaydiisa aad ugu dhiirrigelin jiray inay laasimaan asxaabul xadiiska oo ah dadka barta xadiiska Nebiga (scw) kuna camal fala. Hadallada laga soo minguuriyey intuu Masar joogay waxaa ka mid ah: *"Haddii aan arko qof ka mid ah asxaabul xadiis, dadka ku mashquulsan barashada xadiiska, waxayba ila tahay aniga oo arkay asxaabtii Nebiga (scw)"*. Ahmiyadda xadiiska uu leeyahay iyo cilmiga diinta waxa uu yahay, asaga oo tilmaamaya wuxuu Shaafici gabay ku yiri:

Cilmi oo idil, Qur'aanka ka sokow, waa wax qofka mashquuliya, marka laga reebo xadiiska iyo fiqiga diinta. Cilmigu waa *"qaala xaddathanaa"*. Wixii intaas ka soo harayna waa waswaas Sheydaan.

Arrintaasi waxay ka mid tahay arrimaha ugu waaweynaa ee Shaafici laga dhaxlay. Sidoo kale, Shaafici waxaa laga soo minguuriyey in dadka uu kula talin jiray inay Sunnada ku dhegaan, caalimkana ay ra'yigiisa u bandhigaan Kitaabka iyo Sunnada, kana dheeraadaan taqliidka ama si indha la'aan ah in qof la isaga raaco. Shaafici wuxuu sheegay hadal macnihiisu yahay in taqliidku qofka caqliga iyo garaadka ka qaado.

Dhinaca magacyada iyo tilmaamaha Allaah (SWT), Shaafici wuxuu manhajkiisu ahaa in magac walba oo Allaah isku magacaabo la rumeeyo. Sidoo kale tilmaan walba oo Allaah (SWT) isku tilmaamay in sidii ay ku soo aroortay loo rumeeyo. Ayada oo Allaah (SWT) laga nazahayo xumaan oo dhan loona sugayo wanaag dhammaantii. Magacyada iyo Tilmaamaha Allaah (SWT) waa in sidooda loo rumeeyaa, mana aha in Allaah (SWT) khalqiga lagu shabbaho ama tilmaamaha uu isku tilmaamay loo diido. Dhinaca kale, Shaafici wuxuu ixtiraami jiray saxaabada, si gaar ah ayuuna u qaddarin jiray. Ardaydiisii Masar waxay ka weriyeen inuu yiri: *"Marka laga reebo Nebiga (scw) dadka waxaa u fadli badan Abuu-Bakar, ka dibna Cumar, ka dibna Cuthmaan ka dibna Cali"*. Sidoo kale Shaafici wuxuu aad u nebcaa waxyaabaha bidcada ah ee aan Nebiga (scw) laga soo minguurin. Asagoo arrintaas tilmaamaya wuxuu gabay ku yiri:

"Dadku qallooc waxay ka gaareen heer ay bidco diinta ku soo daraan iyo ra'yi rusushu ayan la imaan".

Muddadii uu joogay Masar, waxaa ka aflaxay arday farabadan oo noqatay minguuriyayaashii iyo soo-gudbiyayaashii cilmigii uu faafiyay intii uu joogay Masar, amaba dheh Mad-habka Jadiidka ah ee Shaafici. Dhinaca kale, ardaydii Ciraaq uu uga soo tegay waxay ku caan baxeen soo minguurinta Mad-habkiisii Qadiimka ahaa, oo ahaa cilmigii uu faafiyey intii Ciraaq uu joogay. Ardaydiisii Masar, kuwoodii ku takhasusay xadiiska waxaa hormuud u ahaa ar-Rabiic ibn Sulaymaan ibn Cabdil-Jabbaar al-Muraadi, al-Mu'addin, oo ka addimi jiray Jaamicii Camar ibn al-Caas ee ku yaallay Fusdaad. Wuxuu ahaa saaxiib aan ka harin Shaafici, noqdayna tebiyihii kutubtii cusbayd ee Shaafici Masar ku allifay. Waagii dambe wuxuu noqday mid ay dadka u soo safraan si ay uga minguursadaan cilmigii uu hayay wuxuuna ahaa qofkii ugu dambeeyay Masar ee dadku ay ka weriyaan cilmigii uu ka maqlay Shaafici.

Al-Muzani, oo takhasuskiisu ahaa fiqiga, wuxuu ahaa caalim cilmi dhaxal-gal ah ka soo minguuriyay Imaam Shaafici. Wuxuu aad ugu caan baxay, soo gaabinta kitaabka al-Umm, oo uu ku soo gaabiyay kitaabkiisii la magac baxay Mukhtasir al-Muzani, kitaabkii al-Muzani uu soo gaabiyay. Hordhaca kitaabkaas al-Muzani wuxuu ku yiri: *"Waxaan meeshaan ku soo gaabinayaa cilmigii laga dhaxlay Shaafici aniga oo isla markaasna ogeysiinaya dadka inuu diidi jiray in asaga ama cid kale lagu taqliido, ama indho la'aan lagu raaco".*

Al-Muzani waxyaabaha taariikhdiisa la xiriira ee xusidda mudan waxaa ka mid ahaa wiilkii uu abtiga u ahaa oo waagii dambe noqday caalim wayn. Wiilkaas, ad-Daxaawi, in muddaa ayuu abtigiis wax ka baranayay waagii dambana wuxuu noqday caalim qora kutub faa'iido badan. Waxyaaluhuu qoray waxaa ka mid ah Kitaab al-Caqiida, ee uu ku diiwaangeliyay caqaadadii culumadii hore. Sidoo kale waxa uu wiilkaas ahaa faqiih muxaddis ah, wuxuu kaloona qoray Mushkil Macaani al-Aathaar, oo ah kitaab weyn.

Abuu-Yacquub Yuusuf ibn Yahya al-Buwaydi asna wuxuu ka mid ahaa ardaydii Imaam Shaafici, oo lagu tilmaami karo inuu ahaa ardaygii ugu aqoonta badnaa ee Shaafici wax ka qaata intii Masar uu joogay. Al-Buwaydi waa ardayga la wareegay goobtii cilmiga ee uu

wax ka akhrin jiray Shaafici ka dib marka uu geeriyooday. Arday kale
oo asna waxaa jiray la oran jiray ar-Rabiic ibn Sulaymaan ibn
Daawuud al-Jiizi, oo ka duwan ar-Rabiica horay aan u soo marnay.
Inkastoo kuwa kale uusan la derejo ahayn, haddana wuxuu ahaa arday
cilmiga ka qaatay waxna ka weriyay Shaafici.

Shaafici raacidda xaqa ayuu aad ugu dadaali jiray, wuxuuna
aaminsanaa *"Qaala Rasuulullaah"* inay ka horrayso aqwaasha
culumada. Ayada oo ay sidaas jirto, kuma xad-gudbi jirin culumada
iyo shuyuukhdii uu wax ka soo bartay xitaa haddii uu u arko inay
qaateen masaa'il laga xoog badan yahay. Wuxuu isu-dheeli-tiri jiray
labadaas arrin. Midda ah in xaqa la caddeeyo iyo tan ah in culumada
la ixtiraamo. Tusaale ahaan, ixtiraamid uu ixtiraamayay, qadarin uu
qadarinayay shiikhiisii Imaam Maalik darteed, Shaafici kuma deg
degin ka hadlidda iyo soo bandhigidda masaa'isha fiqiga ah ee uu ku
diiddanaa shiikhiisa. Wuxuu sugay muddo dheer. Hase yeeshee,
wuxuu arkay inay jiraan dad badan oo Maalik ku taqliiday isla
markaasna aan ka warqabin inay jiraan masaa'il looga xoog badnaa
Maalik. Dadka noocaas ah waxay gaareen heer ay 'Qaala Maalik' ka
hormariyaan *"Qaala Rasuulullaah (scw)"*. Arrintu heerkaas markay
gaartay, Shaafici, markii uu istikhaaraystay ka dib, wuxuu bilaabay
inuu si cad u soo bandhigo masaa'ishii uu u arkayay in shiikhiisii
Maalik looga xoog badnaa. Arrintaas ayaana aasaas u ahayd kitaabkii
la oran jiray Ikhtilaaf Maalik Wa Shaafici (Masaa'ishii Ay Ku Kala
Duwanaayeen Maalik iyo Shaafici). Muddo ka dibna dadka qaarkiis
ayaa ka xanaaqay inuu khilaafo Imaam Maalik. Hase yeeshee,
arrintaas uma uusan aabba-yeelin, wuxuuna xaqa u sheegay sida uu u
arkayay inay waafaqsan tahay Sunnada.

Shaafici inkastoo uu ahaa Imaam aqoon baaxad weyn ah leh, haddana
wuxuu aaminsanaa in cilmigu yahay wax mar walba loo baahan
yahay. Sidaa daraadeed intii uu Masar joogay haddii uu arko cid uu
aqoon bidayo iskama weynaysiin jirin ee wuu ka faa'iideysan jiray.

Sida uu sheegay qaaddiga taariikhyahanka ahaa Ibn Khallikaan,
waxaa xusid mudan Shaafici inta uu joogay Masar inuu cilmi ka

faa'iideystay shiikhadna ay u noqotay haweentii la oran jiray Nafiisa, oo ahayd haweeney aqoon u leh cilmiga xadiiska. Nafiisa ayada iyo ninkeeda ayaa Masar soo degay goor hore. Waxay ahayd haweenay cilmi leh, waana ay ka da' weynayd Shaafici. Haweenaydaas oo lahayd maal iyo hanti ballaaran, waxay kaalmeyn jirtay guud ahaan mujtamaca, gaar ahaanna bukaanka qaba cudurrada caadiga ah iyo kuwa dilaaga ah. Nafiisa waxay kaloo ku caan baxday cibaado badni, taqwo, xalaal-miirasho, iyo ikhlaas.

Shaafici intii uu joogay Masar, ragga culumada ah oo ay wada kulmeen waxaa ka mid ahaa qoraaga wayn ee Siirada, Cabdul-Malik ibn Hishaam. Shiikhaas wuxuu kaloo aqoon dheer u lahaa 'Cilmiga Abtirsiinyaha'. Waxaa la sheegaa in Ibn Hishaam iyo Shaafici ay yeesheen fudhi uu mid-walba ku soo bandhigay aqoonta uu u lahaa abtirsiinyaha dadka. Markii cabbaar ay lafa gureen abtirsiinyaha ragga, Shaafici ayaa u sheegay inuu rabo inay u leexdaan dhinaca abtirsiinyaha dumarka oo ka adag abtirsiinyaha ragga. Fadhigaas dheer ka dib, Ibn Hishaam wuxuu aad ula cajabay aqoonta Shaafici ee mawsuuciga ah.

Ad-Dahabi oo sifaynaya shiikhaas wuxuu yiri: *"Cabdul-Malik ibn Hishaam wuxuu ahaa nin aqoon badan, naxwaha yaqaan, ku xeel-dheer akhbaarta, wuxuu hufay kitaabkii Siirada Nebiga ee uu ka maqlay Ziyaad ... oo ahaa Ibn Isxaaq saaxiibkiis, gabayadii kitaabkaas ku qornaa qaar ayuu ka tegay. Wuxuu kaloo iska leeyahay kutub uu ka qoray abtirsiinyaha qabiilka la yiraahdo Ximyar iyo boqorradoodii. Wuxuu geeriyooday sannadkii 218."* Al-Muzani oo xaqiijinaya kulmidda labada shiikh wuxuu yiri: *"Shaafici markii uu noogu yimi Masar, waxaa meeshaas joogay Cabdul-Malik ibn Hishaam ninka iska leh al-Maghaazi (Siirada) wuxuuna ahaa ninkii reer Masar u badiyay Carabiga iyo gabayada. Mar lagu yiri: Maad Shaafici soo aragtid? Wuu ka wahsaday inuu u tago. Waqti ka dib, ayuuse u tegay. Markuu soo arkayna wuxuu yiri: Ilama ahayn in Allaah (SWT) Shaafici oo kale abuuray".*

LABADA KITAAB AL-UMM IYO AR-RISAALA

Lixdii sano ee Shaafici uu joogay Masar, wuxuu qoray cilmi farabadan oo laga dhaxlay. Cilmigaas badankiisu wuxuu ku urursanaa kitaabka al-Umm, kitaabkaasoo ahaa hooyadii loogu noqonayay qaybaha kala duwan ee cilmiga. Kitaabkaas waxaa ku qoran aayado Qur'aan ah, axaadiis iyo aathaar farabadan oo imaamku ururiyay iyo aragtiyo culumada laga soo minguuriyey, tarjiixaadkii ama masaa'ishii imaamku uu u arkay inay nusuusta u dhowdahay iyo masaa'ishii imaamku uu ka istinbaaday ama ka soo dhiraandhiriyey nusuusta. Intaas waxaa wehesha dood-cilmiyeedkii imaamku la galay culumada kale - arrintan oo ahmiyad dheeraad ah leh isla markaasna ifinaysa taariikhda la xiriirta xilligaas.

Qaabka kitaabka loo agaasimay waxaa ka muuqata in dadaal badan lagu baxshay allifaadda iyo isku dubbarididda kitaabka. Waa kitaab nidaamsan, mawaadiic kala duwan ka hadlaya, tafatiran, hufan, cutubbo iyo qaybo kala duwan ka kooban. Qaybuhu sii qaybsamaan, kuna qoran luqad qurux badan, fasiix ah, sahlan, aayadaha Qur'aanka ee axkaamta ka hadla ayaa ka buuxa, axaadiista ku qoran silsilad ayaa lagu weriyay - yaanan war kugu daalinee, waa nuxurkii aqooneed ee Shaafici. Kitaabku wuxuu ka kooban yahay qaybo, qaybtiiba waa kitaab yar, kitaabkii-yarba wuxuu u sii qaybsamaa qaybo yar yar, qaybtii-yarba waa baab.

Labada kitaab ee la kala yiraahdo al-Umm iyo ar-Risaala ee uu Shaafici qoray waxay ka tarjumayaan aqoontii imaamka. Imaamku dhammaan kutubtiisa asaga ayaa allifay, ardaydiisuna way ka soo weriyeen. Muddadii uu joogay Masar wuxuu ku mashquulsanaa dib-u-eegidda kutubtii hore ee uu qoray ka hor intuusan soo caga dhigan Masar. Labada kitaab ee ugu caansanaa ee uu markii hore allifay waxay ahaayeen kitaabka wayn ee la yiraahdo al-Xujja, soo ka hadlayay qaybaha kala duwan ee axkaamta fiqiga kana koobnaa kutub yar-yar oo farabadan, iyo kitaabka ar-Risaala. Imaamku markuu

Masar yimi wuxuu naqtiimay labadaas kitaab wuxuuna bilaabay inuu dib u qoro. Taasi waxay keentay imaamku inuu yeesho kutub cusub oo ka duwan kuwii hore. Ardaydiisii Masar joogtayna waxay nasiib u heleen inay noqdaan weriyayaashii soo tebiyey mad-habka jadiidka ah ee imaamka. Weriyihii gaarka ahaa ee cilmiga Shaafici wuxuu ahaa ar-Rabiic ibn Sulaymaan al-Muraadii al-Mu'addin. Ar-Rabiic wuxuu hal kitaab oo mawsuuci ah ku uruuriyay kutub farabadan ee Shaafici uu qoray wuxuuna mawsuucadaas u bixiyey "al-Umm" ama "Hooyo". Sidoo kale ardaydii Shaafici waxay shiikhooda ka weriyeen kitaabkii ar-Risaala ka dib markii uu naqtiimay oo ay noqotay ar-Risaala al-Jadiida. Kitaabka ar-Risaala waxaa lagu tilmaami karaa inuu hordhac u yahay mawsuucada fiqiga ah ee al-Umm. Maxaa yeelay ar-Risaala wuxuu ka hadlayaa nidaamka habboon iyo qawaacidda ay tahay in la adeegsado si axkaam iyo fiqi looga soo dhiraan-dhiriyo Kitaabka iyo Sunnada. Halka al-Umm uu matalayo axkaamta iyo fiqiga habkaas lagu soo dhiraan-dhiriyey ama istinbaaday.

Sharaxaad qiima leh ayuu Xassuun, oo ah ninka taxqiiqa ku sameeyay mawsuucada Shaafici, ka bixiyay kitaabka al-Umm. Sharaxaadaas oo kooban waxay oranaysay:

Kitaabka al-Umm wuxuu ka mid yahay kutubta Shaafici kuwa ugu muhiimsan oo ugu ballaaran. Wuxuu ka dhigan yahay mad-habkiisa jadiidka ah, wuxuuna u qoran yahay habka baababka fiqiga. Kitaabkaas waxaa imaamka ka weriyey afar ardaydiisa ka mid ah. Afartaas waxay kala yihiin:

1.   Al-Muzani
2.   Al-Buwaydi
3.   Ar-Rabiic al-Jiizi
4.   Ar-Rabiic ibn Sulaymaan al-Muraadi al-Mu'addin

Fatwada mad-habka Shaafici waxa ay ku salaysan tahay cilmiga jadiidka ah ee kuma salaysna kii hore ee imaamku ka noqday. Imaamku wuxuu yiri: "Cafin mayo qofkii iga weriya kan hore".

75

Culumada raacsan ee daraasaysa mad-habka Shaafici waxay ictimaadaan kutubtaas cusub. Marka laga reebo masaa'il aan badnayn oo toddoba iyo toban lagu qiyaasay. Masaa'ishaas noocaas ah, culumadu waxay rajaxeen in ay habboon tahay in laga soo qaato mad-habkii qadiimka ahaa. Sidoo kale, culumadaas haddii ay arkaan axaadiis saxiix ah oo taageeraysa mad-habka hore waxay raacaan kan hore. Maxaa yeelay Shaafici waxaa ka ansaxay inuu yiri *"Haddii xadiisku saxiix noqdo isaga ayaa mad-hab ii ah. Hadalka aan irinna ka taga."*

Kitaabka Wayn ee al-Umm wuxuu ka kooban yahay toban kutub oo kala ah:

1.   Kitaab wayn oo fiqiya oo ka kooban kutub fara badan oo ka hadlaysa fiqiga oo u qoran sida fiqiga uu u qoran yahay. Kutubtaas waxaa ka mid ah:

- ◆ Dahaarada
- ◆ Salaadda sida salaadda jumcada, labada ciid, sida salaadda loo tukado xilliga casbida iyo dagaalka, salaadda safarka, salaadda roob-doonta, salaadda qorrax ama dayax-madoobaadka, salaadda janaazada iwm.
- ◆ Zakada
- ◆ Soonka
- ◆ Xajka
- ◆ Beecshirada (Buyuuc)
- ◆ Rahanta
- ◆ Tafliiska (Masallafidda iyo Kicitaanka Hantida)
- ◆ Daymaha
- ◆ Heshiisiinta
- ◆ Dayn-Wareejinta
- ◆ Kafaala-Qaadidda
- ◆ Shirkadda (Ku Shirkoobidda Hantida Ganacsi)
- ◆ Wakiilnimada
- ◆ Wax Hibaynta

- Caariyada (Soo Amaahashada Alaabta)
- Dhaca
- Shufca (Xaqa Derisku ku leeyahay iibinta guryaha deriska la ah ee ku dhegan guryahooda)
- Kirada
- Shirkadda Beerashada
- Camiraada Dhulka
- Samafalka iyo Siismada
- Baadida
- Dhaxalka
- Dardaaranka
- Anfaal (Hantida Dagaal La'aanta Lagu Helay)
- Sadaqada
- Nikaaxa iyo Guurka
- Furriinka
- Khulciga (Dalbashada Haweenta ee Furriinka)
- Masruufka
- Dhiigga iyo Qisaasta
- Diyada
- Qasaamada
- Xuduudda (Oofinta Ciqaabta Go'an)
- Axkaamta Maamulka iyo Jihaadka
- Jizyada
- Ugaarsiga
- Qawricidda
- Udxiyada iyo Qalidda Xoolaha ee Ciidda-Xajka
- Caqiiqada iyo Xoolo-Ka-Qalidda Ilmaha Dhashay
- Ku Baratanka Shiishka iyo Genidda
- Dhaaraha
- Akhlaaqda Xaakimka Maxkamadda (Judicial Ethics)
- Garsoorka iyo Xukunka
- Markhaatiga
- Eedeynta ama Dacwo-Oogidda iyo Caddayn-U-Keenidda Dacwada
- Xoraynta

2. Kitaabka Ikhtilaaf Abuu-Xaniifa Wa Ibn Abii-Layla (Kala Duwanaanshaha Abuu-Xaniifa iyo Ibn Abii-Layla): Kitaabkan asalkiisa waxaa qoray Abuu-Yuusuf, wuxuuna ku diiwaangeliyay ra'yigii fiqiga ee labiidiisii sheekh ee Kuufa joogtay. Shiikhiisii hore ee Ibn Abii-Laylaa iyo shiikhii uu ku dambeeyey ee Abuu-Xaniifa. Abuu-Yuusuf kitaabka wuxuu ku muujiyay mawqifka uu ka taagan yahay masaa'ishaas farciga ah. Shaafici ayaa ka dib kitaabkaas helay, wuxuuna ku sameeyay daraasad qoto dheer. Ka dibna, wuxuu muujiyay mawqifkiisa masaa'ishaas la xiriira isaga oo adeegsanaya axaadiis iyo aathaar.

3. Kitaabka Ikhtilaafka Cali Wa Cabdullaahi ibn Mascuud (rc) (Kala Duwanaanshaha Cali (rc) iyo Cabdullaahi ibn Mascuud, rc): Shaafici kitaabkan wuxuu ku diiwaangeliyay masaa'il fiqiya ee laga weriyay Cali ibn Abii-Daalib (rc) ka dibna wuxuu u barbardhigay isla mawqifka masaa'ishaas fiqiga uu ka qaatay Cabdullaahi ibn Mascuud (rc). Sida la ogsoon yahay Abuu-Xaniifa wuxuu ku jiray raggii culumadii ka horraysay ka qaatay fiqigii laga dhaxlay Cabdullahi ibn Mascuud (rc).

4. Kitaabka Ikhtilaaf Maalik Wa ash-Shaafici (Kala Duwanaanshaha Maalik iyo Shaafici): Kitaabkan wuxuu Shaafici ku caddaynayaa qaar ka mid ah masaa'isha uu ku khilaafay shiikhiisii Maalik.

5. Kitaabka Jimaac al-Cilmi (Saldhigga Cilmiga): Imaamku kitaabkan wuxuu allifay kitaabka ar-Risaala ka dib. Kitaabkan wuxuu uga hadlayaa waajibnimada raacidda Nebiga (scw), Sunnadu inay sharxayso Qur'aanka, inay waajib tahay in daliilka la qaato, ijmaaca saxda ah, khilaafka bannaan iyo midka aan bannaanayn.

6. Kitaabka Faraa'idul-Laah (Waxyaalaha Allaah (SWT) uu Faradyeelay): Shaafici kitaabkan wuxuu ku sheegayaa in

axkaamta qaarkeed Qur'aanku si tafatiran u sheegay, qaarna uu si guud ahaaneed u sheegay, ka dibna Sunnadu ay caddaysay. Nebiga (scw) wax walba ee uu sheego waa waxyi. Sunnada Nebiga (scw) iyo Qur'aankuna isma khilaafaan.

7. Kitaabka Sifatu Nahyi Rasuulil-Laah (scw) (Reebitaanka Nebiga (scw) uu Wax Reebo): Imaamku wuxuu kitaabkan ku muujinayaa in Nebiga (scw) waxyaalaha uu reebo ee uu dadka ka nahyiyo inay falideedu xaaraam tahay. Reebidda Nebiga (scw) ka soo fushaa waxay faa'iidaynaysaa taxriim haddii aan la helin daliil kale oo sidaas si aan ahayn muujinaya.

8. Kitaabka Ibdaal al-Istixsaan (Qiima-Tiridda Waxaa-Ila-Fiican): Al-Imaam ash-Shaafici wuxuu kitaabkan ku raddinayaa daliishiga istixsaanka. Istixsaanku waa in nin shiikha asagoon daliil ama qiyaas haysan sida ay wax ula muuqdaan uu arrinka ku fatwoodo. Haddii baabkaas culumada loo furo, arrintu waxay noqonaysaa waddo furan. Qof walba oo caqli leh asagana marinkaas inuu maro looma diidi karo haddii isticmaalkiisa la bilaabo. Culumadu waxay dadka dheer yihiin waa inay isticmaalaan qiyaas naska ku salaysan - mas'alada taagan inay haleeshiiyaan midda ay isku bahda yihiin ee nasku tilmaamay. Ma bannaana in qiimaynta ujrada qof shaqaale ah [ujratul-mithli; fair wage] loo xilsaaro nin faqiiha oo lagu kalsoon yahay hase yeeshee aan aqoon u lahayn qiimaynta ujrada ay tahay in la siiyo qof shaqo qabtay. Maxaa yeelay faqiiha noocaas ah haddii ujrada qofkaas shaqaalaha ah uu qiimeeyo asagoon meel uu cuskanayo ayan jirin wuxuu noqonayaa qof dulmi sameeyey. Haddaba taas waxaa ka daran in ayada oo aan nas la cuskanayn la isticmaalo istixsaan iyo *"waxay ila tahay"*.

9. Kitaabka ar-Radd Cala Muxammad ibn al-Xasan ash-Sheybaani (U Jawaabidda Muxammad ibn al-Xasan ash-Sheybaani): Dood-cilmiyeedyo qiima leh ayaa dhexmaray,

Imaam Shaafici iyo Muxammad ibn al-Xasan ash-Sheybaani.
Taasi waxay keentay in Shaafici uu masaa'isha qaarkood ku
khilaafo ash-Sheybaani. Masaa'ishaas waxaa ugu muhimsanaa
diyada iyo qisaasta kuwa la xiriiray. Kitaabkanna masaa'isha
noocaas ah ayaa ku qoran.

10. Kitaabka Siyar al-Awzaaci (Siyarkii uu Qoray al-Awzaaci):
Kitaabkan wuxuu ku jiraa kutubtii u horraysay ee ka hadlaysa
mawduuciisa. Hor iyo horraantii, Abuu-Xaniifa ayaa allifay
kitaabkan. Marka xigtayna, al-Awzaaci ayaa helay kitaabka
wuxuuna la yaabay sida ay u dhici karto reer Ciraaq inay ka
hadlaan duullaanadii Nebiga (scw). Duullaanada noocaas ah
waxay ka dhici jireen Shaam iyo Xijaaz iyo dhul aan Ciraaq
ahayn. Ciraaqse waqti dambe ayaa la furtay. Marka al-Awzaaci
kitaab raddi ah ayuu ka qoray kitaabkii soo gaaray. Muddo ka
dib, kitaabkaas raddiga ah Abuu-Yuusuf ayuu soo gaaray.
Abuu-Yuusuf wuxuu ku dooday in ra'yiga al-Awzaaci ee
sheegaya in reer Ciraaq ayan aqoon u lahayn duullaanada
Nebiga (scw) iyo saxaabadiisa (rc) uu yahay mid aan meel
haysan. Duullaanada noocaas ah Xijaaz iyo Shaam siday uga
dhaceen ayay uga dhaceen Ciraaq. Khaalid (rc) ayuu ahaa
ninkii hoggaaminayay duullaanadii Ciraaq xilligii uu
khilaafada haayay Abuu-Bakar (rc). Cumarna (rc), Sacad (rc)
ayuu u diray Ciraaq iyo Faaris. Qaar badan oo ka mid ah
saxaabadii (rc) ka qayb-qaatay duullaanadii Shaam waxay
waagii dambe degeen Kuufa, meeshaasoo ay dadkii
deegaankaas degganaa ay u weriyeen dhacdooyinkii la xiriiray
duullaanadaas. Haddaba qofkii raba inuu ka sheekeeyo
duullaanadaas qasab ma aha inuu tago goobihii ay
duullaanadaas ka dhaceen. Ibn Cumar (rc) oo saxaabi ah ayaa
soo maray goob ash-Shacbi, oo reer Kuufa ah, uu ku werinayo
duullaanada noocaas ah. Ibn Cumar (rc) wuxuu yiri:
*"Waxaadba moodaa inuu kooxaha duullaanada qaaday la
socday ... duullaanadaas ash-Shacbi ayaa iga badiya inkastoo
anigoo la socda Nebiga (scw) aan ka qayb-galay".* Ash-

Shacbina wuxuu ahaa shiikhii Abuu-Xaniifa uu ka qaatay taariikhda duullaanadaas. Markaasuu Abuu-Yuusuf qoray kitaab uu uga jawaabayo raddigii al-Awzaaci. Markii la soo gaaray dawrkii ash-Shaafici, wuxuu asna qoray kitaabkan [uu ku difaacayo al-Awzaaci].

Haddii aan intaas uga baxno warbixintii koobnayd ee aan Xassuun ka soo xigannay, waxaan halkanna si kooban uga hadlaynaa kitaabka ar-Risaala. Kutubta Imaam Shaafici uu dib ugu noqday oo uu tafatiray ama mar labaad qoray waxaa ka mid ahaa kitaabkiisii caanka ahaa ee dadku u yaqiinneen ar-Risaala. Kitaabkaas wuxuu si qoto dheer oo tafatiran uga hadlayaa cilmiga daliishiga, aasaaska fiqiga ama habka xukunka loo istinbaado ee loo soo dhiraandhiriyo. Ilaha xukunka Islaamka laga soo dhiraandhiriyo waa Kitaabka Qur'aanka iyo Sunnada. Hadday dantu kalliftana Qiyaas ayaa la samaynayaa. Qiyaasku waa in xukunka mas'alada nusuustu si cad u sheegtay lagu dabaqo masaa'isha kale oo ay isku midka yihiin. Kitaabku wuxuu ku qoran yahay luqad fasiix ah, balaaqo ay ka muuqato, laxan aan lahayn, akhrinteeda lagu raaxeysanayo. Hannaanka qoraalkana iskaba-daa. Hordhac iyo aaraar, baabab, masaa'ishii isku bah ahba isku meel ayay ku qoran yihiin. Doodihii cilmiga ee taariikhiga ahaa ee la xiriira mawduuca kitaabka lagama tegin.

Inta juz (qayb) oo kitaabku ka koobnaa iyo mawaadiicda kala duwan ee uu ka hadlayay waxay ahaayeen sidan:

Juzka Koowaad

- Hordhac
- Mahad-Naq Alle, iyo Arar
- Salliga Nebiga (scw)
- Waa Maxay 'Bayaanku'?
- Bayaanka Koowaad
- Bayaanka Labaad
- Bayaanka Saddexaad

- Bayaanka Afaraad
- Bayaanka Shanaad
- Caamka Kitaabka Loolana Jeedo Caam Uuna Soo Geli Karo Khaas
- Caam u Muuqda, Kulansanayase Caam iyo Khaas
- Caam u Muuqda, Loolase Jeedo Khaas
- Macnaha ku Cad Siyaaqa (Hab-Dhaca Hadalka)
- Caam Sunnadu Tustay Inuu Khaas Yahay
- Faradyeelidda Raacidda Sunnada Nebiga ee Kitaabku Sheegay
- Addeecidda Rasuulka oo ku Lifaaqan Addeecidda Allaah, iyo Iyada oo Gooni Loo Sheegay
- Amarka Allaah Ku Bixiyay In Rasuulka Allaah La Addeeco
- Caddaynta Allaah ee ah in Rasuulka Lagu Faradyeelay Inuu Raaco Waxyiga, Markhaatiga Caddaynaya Inuu Raacay Amarkii La Siiyay iyo Hanuunka Lagu Soo Dejiyay iyo In Qofkii Raaca Uu Yahay Qof Hanuunsan.
- Bilawga Naasikha iyo Mansuukha
- Naasikha iyo Mansuukha ee Kitaabku Tusay Qaar, Sunnaduna Tustay Qaar
- Faradyeelidda Salaadda Ee Uu Tusay Kitaabka Ka Dibna Ay Sunnadu Tustay iyo Qofka Cudurdaarka Leh ee Aan Laga Rabin iyo Qofka Aan Macsi Looga Qorayn Tukashada Salaadda [Qofka Salaad Uu Tukaday Dambiga Ku Mudanaya Waa Sida Qof Salaad Tukaday Asagoon Dahaaro Qabin]
- Naasikha iyo Mansuukha Ay Tuseen Sunnada iyo Ijmaaca
- Waxyaalaha Allaah Si Cad U Faradyeelay
- Waxyaalaha La Faradyeelay ee Rasuulkuna Jideeyay
- Waxyaalaha La Faradyeelay ee Sunnadu Tustay in Khaas Loola Jeedo
- Qaybaha Waxyaalaha La Faradyeelay
- Ku Saabsan Zekada
- [Ku Saabsan Xajka]
- [Ku Saabsan Ciddada Haweenka]
- [Ku Saabsan Haweenka Maxramka Ah]

Juzka Labaad

- [Ku Saabsan Cunnada La Xarrimay]
- [Ku Saabsan Haweenka Laga Dhintay]
- Cillooyinka Xadiiska
- Weji Kale
- Weji Kale
- Weji Kale oo Ikhtilaaf Ah
- Ikhtilaafka Riwaayadda ee Ku Yimid Weji Kan Hore Ka Duwan
- Weji Kale oo Lagu Tiriyo Inuu Ikhtilaaf Yahay Hase Yeeshee Aan Noola Muuqan Sidaas
- Weji Kale oo Lagu Tiriyo Ikhtilaaf
- Weji Kale oo Ikhtilaaf ah
- [Ku Saabsan Qubayska Jimcada]
- Reebitaan Xadiis Kale Tusiyay
- Reebitaan Ka Duwan Kan Hore
- Reebitaan Arrin oo Kan Ka Horreeya Dhinacyo Uga Eg Dhinacyana Uga Duwan
- Baab Kale
- Weji U Eg Macnaha Hore
- [Sifada Reebitaanka Allaah iyo Reebitaanka Rasuulka]
- [Baabka Cilmiga]
- [Baabka Xadiiska Keliyaalaha Ah]

Juzka Saddexaad

- Xujada Sugaysa Xadiiska Keliyaalaha Ah
- [Baabka Ijmaaca]
- [Qiyaaska]
- [Ijtihaadka]
- [Istixsaanka (Waxaa-Ila-Fiican)]
- [Ikhtilaafka]

Soo bandhigiddaas tusmada kitaabka ar-Risaala ka dib, waxaan hoos ku soo xiganaynaa Axmed Shaakir oo ah caalim muxaddis ah, taxqiiqna ku sameeyay kitaabka ar-Risaala. Axmed Shaakir oo ka faalloonaya ar-Risaala wuxuu yiri:

"Kitaabkan waa kitaabkii ar-Risaala ee uu qoray Shaafici. Shaafici waxaa ammaan ugu filan inuu yahay Shaafici. Ar-Risaalana waxaa sharaf ugu filan inuu allifay Shaafici. Anigana waxaa faan iigu filan inaan dadka u soo gudbiyo cilmigii Shaafici - anigoo dadka xasuusinaya in Shaafici diidi jiray in asaga ama cid kaleba lagu taqliido."

Axmed Shaakir wuxuu hadalkiisa sii raaciyay:

"Shaafici wuxuu allifay kutub farabadan: Qaarkood isagaa gacantiisa ku qoray, dadkana u akhriyay ama ka dhegaystay; qaarkoodna wuu yeeriyey. Tirakoobidda kutubtaas way adag tahay, qaar badan oo ka mid ahna way lumeen. Wuxuu wax allifay asagoo jooga Makkah, Baqdaad iyo Masarba. Kutubta maantay la haystana waa kutubtii uu ku allifay Masar. Kutubtaasna waxay kala yihiin:

♦ *Al-Umm oo ah kitaab ar-Rabiic uu isugu keenay qaar ka mid ah kutubtii Shaafici. Asaga ayaana magaca u baxshay. Kutubtaasna si toos ah ayuu uga maqlay qaarka uusan maqalna wuu caddeeyey. Kuwa uu ka guuriyay qoraalkii ku qornaa farta Shaafici laakiinse uusan toos uga maqal ayadana wuu caddeeyey sida ay la socdaan dadka aqoonta leh ee barta kitaabka al-Umm.*
♦ *Ikhtilaaf al-Xadiis: Waxaa daabacay Madbacadda Buulaaq wuxuuna ku daabacnaa hareeraha juzka toddobaad ee al-Umm.*
♦ *Kitaabka ar-Risaala.*

Labada kitaab ee u dambeeya waa laba kitaab oo ar-Rabiic uu si gooni ah u weriyey mana uusan ku dhexdarin kitaabka al-Umm."

Asagoo ka hadlaya inta jeer ee la allifay ar-Risaala wuxuu yiri:

"Shaafici kitaabka ar-Risaala wuxuu allifay laba jeer. Sidaa daraadeed culumadu markay ka hadlayaan tusmada kutubtiisa waxay sheegaan laba kitaab: Ar-Risaala al-Qadiima iyo ar-Risaala al-Jadiida."

Markaas ka dib, wuxuu soo xigtay hadalkan:

"Al-Fakhr ar-Raazi wuxuu ku yiri kitaabkiisa Manaaqib ash-Shaafici: Waxaad ogaataa in Shaafici, Allaha ka raalli noqdee, uu kitaabka ar Risaala ku allifay Baqdaad. Markuu Masar aadayna dib ayuu u qoray kitaabkaas ar-Risaala. Labada kitaabna mid walba waxaa ku qoran cilmi farahadan "

Axmed Shaakir wuxuu sheegay in isaga ay la raajaxsan tahay in Shaafici uu kitaabka ar-Risaala al-Qadiima uu ku allifay magaalada Makkah. Arrintu si kastaba ha ahaatee, wuxuu hadalkaas uu soo xigtay raaciyay:

"... Kitaabkii ahaa ar-Risaala al-Qadiima wuu lumay oo lama hayo. Dadku maantay waxay gacanta ku hayaan kitaabka ar-Risaala al-Jadiida oo ah kitaabkan."

Haddana, Axmed Shaakir wuxuu yiri:

"Kitaabka ar-Risaala waa kitaabkii u horreeyay ee laga allifo usuulul-fiqiga. Sidoo kale waa kitaabkii u horreeyay ee laga allifo cilmiga xadiiska - usuulul-xadiiska."

Ka dibna, Axmed Shaakir wuxuu soo xigtay:

"Az-Zarkashi wuxuu ku yiri kitaabkiisa al-Baxar al-Muxiid Fil-Usuul: Shaafici ayuu ahaa qofkii ugu horreeyay ee kitaab ka allifa

usuulul-fiqiga. *Wuxuu ka qoray kutubta ar-Risaala, Axkaam al-Qur'aan, Ikhtilaaf al-Xadiis, Ibdaal al-Istixsaan, Jimaac al-Cilmi iyo al-Qiyaas."*

Axmed Shaakir, asagoo hadalka sii wata, wuxuu yiri:

"Qaybaha ka midka ah kitaabka (ar-Risaala) ee Shaafici uu uga hadlay Xadiiska Aaxaadka ah iyo daliishigiisa, shuruudda lagu aqbalo axaadiista, shuruudda lagu ansixiyo kalsoonida weriyayaasha, diididda xadiiska mursalka ah iyo kan silsiladdiisu go'an tahay iyo waxyaalaha intaas dheer ee laga fiirin karo tusmada cilmiga ah ee kitaabka xaggiisa dambe ku taal. Masaa'isha noocaas ah, siday ila tahay, waa kuwa ugu xeel dheer uguna qiimaha badan ee culumada cilmiga xadiisku ay qoreen. Qofka barta cilmiga xadiiska wuxuu garan karaa qoraallada Shaafici ka dib la qoray in asaga laga soo qaatay dulsaarna lagu yahay. Mawaadiicdaasna Shaafici wuxuu u qoray hab aan looga horrayn. **Ragannimo badnaayaa!"**

Asaga oo ka hadlaya balaaqada qoraallada Shaafici, Axmed Shaakir wuxuu yiri:

"Kitaabka ar-Risaala iyo weliba kutubta Shaafici oo dhan waa kutub ay ka buuxdo fasaaxad, luqad iyo indheergaradnimo inta aanba la gaarin fiqiga iyo usuusha ay ka hadlaan. Sababtuna waxaa weeyey Shaafici ma soo marin wax cajami-nimo ah, hadalkiisana khalad ma lahayn, laxnina weligiis laguma helin."

Markaasuu taladan soo jeediyay:

"Anigu waxay ila tahay in kitaabkan ar-Risaala lagu daro kutubta lagu barto kulliyadaha Azhar iyo kulliyadaha Jaamacadda. Weliba qaybo la soo xulay in loo dhigo ardayda waxbarashada dugsiga sare ee iskuullada iyo machadyada dhigta. Si ay uga faa'iidaystaan aragti toosan, xujo-adag, iyo fasaaxad ayan wax la mid ah ka helayn xitaa kutubta culumada kale ..."

Axmed Shaakir wuxuu kaloo sheegay in culumadii hore ay xil gaar ahaaneed iska saareen sharxidda kitaabka ar-Risaala. Wuxuuna magacaabay shan caalim oo kitaabkaas sharxay. Shantaas waxaa ka mid ahaa:

- Abuu-Bakar as-Sayrafi ahaana ardaygii Ibn Surayj. Wuxuu geeriyooday nuskii hore ee qarnigii afaraad ee Hijriga.
- Ash-Shaashi, al-Qaffaal al-Kabiir, Muxammad ibn Cali ibn Ismaaciil oo dhintay sannadkii 365.
- Abuu-Muxammad al-Juwayni, Cabdullaahi ibn Yuusuf, imaamkii waynaa ahaana aabbihii shiikhii la magac baxay Imaam al-Xaramayn. Wuxuu geeriyooday nuskii hore ee qarnigii shanaad ee Hijriga.

Intaasna waxaa ku eg, soo-xigashadii Axmed Shaakir ee koobnayd.

QOYSKII SHAAFICI

Shaafici magaciisa-kunyada ah oo marka ixtiraam dheeraada loo muujinayo loogu yeeri jiray wuxuu ahaa Abuu-Cabdullaahi. Xaaska uu qabayna waxaa la oran jiray Xamiida bint Naafic. Shaafici iyo Xamiida waxaa lagu arsuqay carruur dhowr ah. Waxaa carruurtaas ka mid ahaa wiil aabbihiis lagu sammiyay oo loo baxshay Muxammad. Hase yeeshee magaca-kunyada ah ee wiilkaas loo baxshay wuxuu ahaa Abuu-Cuthmaan. Wiilkaas waxaa weheliyay laba gabdhood oo la kala oran jiray Zeynab iyo Faadumo.

Wiilkaas aabbihiis lagu sammiyay - Muxammad ibn Muxammad ibn Idriis ash-Shaafici - oo kunyadiisu ay ahayd Abuu-Cuthmaan, wuxuu ahaa wiilka ugu wayn carruurta Shaafici. Markuu aabbihiis dhintay wuxuu ahaa nin wayn oo qaangaar ah, wuxuuna degganaa Makkah. Abuu-Cuthmaan wuxuu noo soo guuriyey sheeko ku saabsan aabbihiis oo uu hooyadiis Xamiida ka maqlay. Haweenay ka shaqeysan jirtay ilma-nuujinta oo dadka ilmaha u nuujin jirtay oo ay macrifo ahaayeen ayaa soo gashay gurigooda asagoo aabbihiis uu hurdo. Ilmihii haweentaas ay wadatay ayaa oohin ku dhuftay. Haweentii oo ka warqabtay sida Shaafici looga haybaysto diiddanna inay hurdada ka kiciso ayaa wiilkii ooyayay gacanta afka ka saartay si ay oohintiisa u qariso. Waxayna si deg deg ah u aadday albaabka guriga oo bannaanka ayay u baxday. Ilmihii yaraa wuxuu ku sigtay inuu wax noqdo. Dhacdadaas markii ay saas ku dhammaatay aabbihii reerkana, Shaafici, uu soo kacay, xaaskiisii Xamiida ayaa si kaftan uu ku jiro ugu bidhaamisay sheekadii maantay gurigooda ka dhacday inta uu hurday.

Xamiida: Ina Idriisow, maantay waxaad dili lahayd naf dhan.

Shaafici (oo yaabban): Maxaad u jeeddaa?

Xamiida sheekadii maantay guriga ka dhacday ayay si tafatiran ugu sheegtay. Shaafici oo aad uga danqaday waxa dhacay, ayaa wuxuu ballan ku galay hadda ka dib inuusan seexan guriga oo aan sharqan lahayn. Wixii maalintaas ka dambeeyey, Shaafici hurdo indhagaduudsi ah (qayluulo) iskuma dayi jirin ilaa agtiisa la keeno dhagaxa badarka reerku ay ku shiitaan oo weliba asaga oo maqlaya badarka la shiido. Ficilkaas wuxuu u sameeyay inuusan dhibin reerkiisa iyo dadka kaleba oo aad uga haybaysan jiray.

Abuu-Cuthmaan waxa uu dood-cilmiyeed ku saabsan axkaamta la xiriirta hargaha xoolaha bakhtiga ah (mayta) marka la magdeeyo la yeeshay Imaam Axmed ibn Xanbal. Wuxuuna aabbihiis ka weriyey riwaayaad aan yarayn. Waana ninka la weriyo in Axmed ibn Xanbal uu ku yiri *"Allaah dartiis ayaan kuu jeclahay saddex arrimood aawadood. Waxaad tahay wiilkii Shaafici, waxaad tahay nin Quraysh ah, waxaadna tahay nin Ahlu-Sunna ah."* Muxammad, ina Shaafici, wuxuu yiri: *"Axmed ibn Xanbal wuxuu igu yiri: Aabbahaa wuxuu ka mid yahay lixda qof ee aan u duceeyo marka aan sujuudsanahay."* Muxammad wuxuu cilmiga ka qaatay aabbihiis, Sufyaan ibn Cuyayna, Cabdur-Razzaaq iyo Axmed ibn Xanbal. Wuxuu qaaddi ka noqday meelo kala duwan oo ay ka mid tahay magaalada caanka ah ee Xalab. Wuxuu Xalab joogay sannado farabadan. Wuxuu ka tegay saddex wiil oo midkood la oran jiray al-Cabbaas ibn Muxammad ibn Muxammad ibn Idriis. Wuxuu nolol ku soo gaaray sannadkii 240 ee Hijriga.

Waxaa jiray wiil Shaafici uu awoowe u ahaa oo ay dhashay gabadhiisa Zaynab. Wiilkaas waxaa la oran jiray Axmed. Sida awoowgiis, ayuu Axmed noqday imaam muuqda oo aqoon leh. Waxaana la yiraahdaa imaam Shaafici ka dib reer Shaafic kama soo bixin wiilkaas cid gaarta. Marka la eego hadalka uu yiri Imaam an-Nawawi, wiilkaas waxaa u soo dusay barakadii awoowgiis.

Dhowr sano ka hor dhimashadiisa, haweenay kale oo la oran jiray Danaaniir ayaa uur u yeelatay imaamka, waxayna u dhashay wiil la oran jiray Abul-Xasan. Wiilkaas marka uu laba jirsaday ayuu aabbihiis Shaafici geeriyooday. Sannad ka hor intuusan geeriyoon, Shaafici, oo dareemay in geeri ay soo hayso xanuun badan ka dib, ayaa waxa uu dardaarankii uu sameynayay si gaar ah ugu xusay wiilkaas yar - sheegayna in hantidiisa qaar ka mid ah lagu wareejiyo. Hase yeeshee, wiilkaas hantidaas ma uusan calfan oo waxa uu geeriyooday asaga oo yar.

QOYSKII IMAAM SHAAFICI – ALLAHA U NAXARIISTEE –

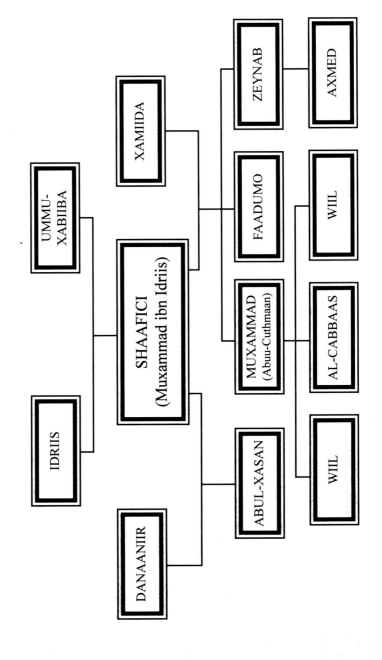

DARDAARANKII SHAAFICI

Muddo ka hor intuusan geeriyoon, Imaam Shaafici wuxuu sameeyey laba dardaaran oo qoraal ah, oo laba waqti oo kala duwan uu sameeyey. Tafaasiisha ku saabsan in labadaas dardaaran ay u kala xoog badan yihiin sida ay u kala horreeyaan iyo inay is nasakhayaan iyo in kale ma cadda. Arrintu si kastaba ha ahaatee, qoraaga la yiraahdo Ustaad Cabdul-Xaliim ayaa kitaabkiisa uu uga warramay taariikhda Shaafici ku xusay labadaas dardaaran ee ku qoran kitaabka al-Umm. Nuxurka warbixintaasna waxayd ahayd:

Bisha Safar sannadkii 203 ee Hijriga, waxa uu Shaafici sameeyey dardaarankiisa hore. Wiilkiisa carruurtiisa ugu yar oo markaas laba jirsaday, ayuu si gaara wuxuu ugu dardaarmay hanti isugu jirta afar boqol oo Diinaar, laba guri, waxyaabaha la isku qurxiyo oo dahab iyo qalin ka koobnaa. Hantidaas waxay ahayd hanti uu ku lahaa Masar. Waxaa intaas wehelisay oo uu wiilkaas u dardaarmay laba guri oo uu ku lahaa Makkah. Dardaarankaas wuxuu si tafatiran u tilmaamay meesha guryuhu ay uga yaalleen magaalada Makkah. Haddii wiilkaas uu tafiir go'o, hantidaas waxay ku wareegeysay hooyadiis. Haddii ay dhacdo hooyadiis iyana inay tafiir go'do, labadaas guri waxay ku wareegayeen Zeynab iyo Faadumo, waa labada gabdhood ee Imaamku dhalaye. Haddii ayana ay dhacdo inay tafiir go'aan, labadaas guri waxaa lagu sadaqaysanayaa reer Shaafic ibn Saa'ib iyo qof walba oo jooga Makkah oo faqiir ama miskiin ah oo ku abtirsada Cabdul-Muddalib ibn Cabdi-Manaaf. Hantidaas wiilkaas loo dardaarmay, waxaa u guddoomay isla aabbihiis Imaam Shaafici, maadaama wiilku uu yaraa xilkasna uusan ahayn.

Bisha Shacbaan ee isla sannadkaas 203, wuxuu samaayey dardaarankiisii labaad. Wuxuu dardaarmay in hantidiisa laga soo baxsho thuluth (?, saddex meelood oo meel). Thuluthkaasna loo sii qeybiyo afar iyo labaatan qaybood. Danaaniir, Abul-Xasan hooyadiis, waa in la siiyaa laba dhig. Fawza, oo nuujinaysay wiilkiisa yar, wuxuu

siiyey hal dhig. Dadka fuqarada ah ee reer Shaafic ibn Saa'ib wuxuu
isku siiyay afar dhig. Sidoo kale wuxuu amray hantidaas in wax laga
siiyo oo lagu sadaqaysto deriskii uu ku lahaa Makkah. Wuxuu kaloo
amray in shan dhig oo hantidaas ka mid ah loo isticmaalo samafal
guud laguna xoreeyo dad addoomo ah.

Fulinta dardaarankaas wuxuu Shaafici u talo saartay Allaah (SWT),
ka dibna, wuxuu fulintiisa u xilsaaray Cabdullaahi ibn Cabdil-Xakam,
Yuusuf ibn Camar, ninkii faqiiha ahaa, iyo Saciid ibn al-Jaham.
Wuxuu kaloo raggaas kula dardaarmay inay wiilkiisa yaraanka ah,
Abul-Xasan, u geeyaan eheladiisa deggan Makkah. Wuxuuna ku
adkeeyay in, haddiiba ay suuragal tahay, ay dhul berri ah marsiiyaan
oo ayan saarin doon oo ayan badda ku safrin. Sidoo kala wuxuu
raggaas u xilsaaray inay ka gudaan deymaha lagu leeyahay una
guddoomaan deymaha ka maqan ee dadka uu ku leeyahay.

Sidaas ayuu imaamku dardaarankii ku wajahnaa qaar ka mid ah
hantidiisa u sameeyey. Wuxuu u samafalay reerkiisa, deriskiisa,
gabadhii nuujisay wiilkiisa, iyo dad kala duwan. Waxaa fiira gaara
mudan in Shaafici uusan ku xusin dardaarankiisa xaaskiisa u dhashay
carruurtiisa waaweyn ee la oran jiray Xamiida, arrintaas oo
tilmaamaysa inay Shaafici ka hor ay geeriyootay. Waxaa kaloo
dardaaranka ka muuqda sida gaarka ah ee Shaafici uga fekerayo
wiilkiisa yar Abul-Xasan. Wuxuu ku dardaarmay in haddiiba la heli
karo in berri la marsiiyo wiilkaas laba-jirka ah, marka loo sii wado
Makkah, inaan bad lagu safrin. Shaafici waxaad mooddaa inuu
milicsanayo noloshiisii uu soo maray. In ka badan konton sano ka hor,
asaga oo laba sano oo keliya jira ayaa aabbihiis ku geeriyooday dhul
aad uga fog deegaanka reerihiisa, dabadeedna waxaa loo safriyay
Makkah. Maantayna wiilkiisa laba sano ayuu jiraa, asaguna wuxuu
joogaa dhul aad uga fog deegaanka reerahiisa, wuxuuna dareensan
yahay in waqtigiisii ay suurtagal tahay inuu soo dhow yahay.
Dardaarankaas waxaa kaloo ka muuqda xiriirka iyo isjeceylka ka
dhexeeyey culumada si kastoo ay ugu kala duwan yihiin masaa'isha
furuucda ee fiqiga. Shaafici ragga uu mas'uulka uga dhigay fulinta

dardaarankiisa waxaa u horreeya Cabdullaahi ibn Cabdil-Xakam oo ahaa caalimkii calanka u siday mad-habka imaam Maalik. Intaas waxaa ku eg nuxurkii warbixintii Ustaad Cabdul-Xaliim. Hadalkaas aan nuxurkiisa soo bandhignay wuxuu muujinayaa bisaylka culumada Islaamka iyo sida garaadkoodu u sarreeyay. Maadaama la isku waafaqsan yahay caqiidada iyo iimaanka, iyo weliba qawaacidda kulliga ah ee waaweyn, ku kala duwanaanshaha masaa'isha furuucda fiqiga ah keeni mayso neceyb iyo collaytan. Waa kala duwanaansho hoos harsanaya midnimada guud ee Islaamka. Arrintani waxay tusaysaa dulqaadka culumada, aqbalaadda kala duwanaanshaha, tixgelinta ra'yiga qofka kale iyo wada noolaanshaha ixtiraamka ku dhisan. Waxaa la weriyaa in Shaafici ku yiri shiikh ay wada doodeen oo la yiraahdo Yuunus as-Sadafi hadal muujinaya caqli-badnida culumada Islaamka. Yuunus oo dhacdadaas werinaya wuxuu yiri: *"Ma arag qof ka caqli badan Shaafici. Maalin ayaan la yeeshay dood-cilmiyeed ku saabsan mas'alo. [Cabbaar ka dib] Waan kala tagnay. Waxaan kulannay mar kale markaasuu gacanta iga qabtay oo igu yiri: ... sow suurtagal ma ahan inaan walaalo ahaanno xitaa haddii aan mas'alo isku khilaafno."* Ad-Dahabi oo tacliiq ka bixinaya arrinkaas ayaa asna wuxuu yiri: *"Arrintaas waxay muujinaysaa in caqliga imaamku yahay mid dhammaystiran ... dadka aqoonta leh weligood ayay [masaa'il ku] kala duwanaan jireen."* Sidoo kale waa tan Shaafici laga weriyo inuu yiri hadal sidaan u dhacayey: *"Ra'yiga aan ku tegay wuxuu ila yahay sax, hase yeeshee khalad wuu noqon karaa; ra'yiga qofka kale ee mas'alada igu diiddan wuxuu iila muuqdaa khalad, waase suurtagal inuu sax yahay"*.

Bisaylka noocaas ah wuxuu ku salaysan yahay fahamka saxda ah ee Kitaabka iyo Sunnada. Tusaalaha ugu quruxda badan waxaa noqon kara rususha Allaah (SWT) uu soo diray. Anbiyada oo dhan waxay wadaagaan mabda' guud, sida caqiidada iyo iimaanka, iyo qawaacidda guud sida cadaaladda, samafalka, runta, dhowridda xuquuqda aadanaha, faafinta xaqa, faridda wanaaga, reebitaanka xumaanta, la dagaalanka shirkiga iyo ku-baaqidda caabudidda Allaah (SWT) oo keliya iyo arrimo kale oo farabadan. Laakiin, rasuul walba waxaa la siiyay shareeco isaga gaar u ah, munaasab u ah wadciga uu ku nool yahay iyo dadka loo soo diray. Haddaba, rusushu waa ay ku kala duwanaayeen axkaamta noocaas ah iyo arrimahaas camaliga ah. Ayada oo ay kala duwanaanshaha noocaas ah ay jirto, haddana waxay ahaayeen hal ummada oo wadajirta. Qur'aanku wuxuu ku tilmaamay inay yihiin ummad keliya. Kala duwanaanshaha rusushu ay ku kala duwanaayeen xilliga la soo diray, qolada loo soo diray, deegaanka ay joogeen iyo shareecada ama axkaamta mid walba sida gaarka ah loo siiyay waxba uma dhimin midnimadooda iyo wadajirkooda. Waxay ahaayeen hal ummad oo midaysan. Waa kala duwanaansho hoos harsanaysa geedka weyn ee midnimada. Nebiga (scw) wuxuu ku sheegay xadiis saxiix ah oo laga weriyay xiriirka ka dhaxeeya rususha. Xadiisku wuxuu macnihiisu ahaa: *"Haddii aan nahay anbiyada, waxaan la mid nahay wiilal isku aabbe ah, laakiin kala bah ah"*. Marka laga fiiriyo dhinaca usuusha ay ka midaysan yihiin, anbiyadu waxay la mid yihiin wiilal walaala ah oo hal aabbe uu dhalay. Marka laga fiiriyo masaa'isha furuucda ah ee ay ku kala duwan yihiin waxay la mid yihiin wiilal walaala ah hase yeeshee kala bah ah oo mid walba hooyo goonni ah ay dhashay.

Maalin maalmaha ka mid ah waxaa dhacday in Nebiga (scw) uu koox saxaabadiisa ka mid ah oo u ambabaxaysay duullaan salaadda Duhur ka dib uu faray inay ku tukadaan salaadda Casar meesha ay u socdaan. Kooxdaas saxaabada ah ayaga oo aan weli gaarin meeshii bartilmaameedka u ahayd ayaa waxaa la gaaray xilligii casarka la tukan lahaa. Taasi waxay keentay inay wada tashadaan oo ay ka doodaan wixii ay samayn lahaayeen. Ra'yigii way isku khilaafeen. Qaarkood waxay yiraahdeen annagu waxaan tukanaynaa salaadda Casar marka aan gaarno meeshii aan u soconnay ee Nebigu (scw) na amray inaan ku tukanno. Intii kalena waxay yiraahdeen ujeeddada Nebigu (scw) waxay ahayd inaan deg degno oo aan si dhakhso leh ku gaarno meesha uu noo diray ee ujeeddadiisu ma ahayn in salaadda Casar aan waqtigeeda ka saarno. Dood cabbaar socotay ka dib, waa la is mari waayay koox welibana ra'yigeeda ayay ku adkaysatay. Kooxdii hore safarkoodii ayay sii wateen waxayna gaareen meeshii ay u socdeen waqtiga salaadda Casar oo tegay markaas ayayna tukadeen salaaddii. Kooxdii kalena salaadda waqtigii ay qabatay ayay tukadeen ka dibna socdaalkii ayay sii wateen ilaa ay ka gaareen meeshii ay u socdeen waxayna ka daba tageen kooxdii hore. Saxaabadaas markii ay soo fuliyeen arrintii loo diray oo ay ku soo laabteen Nebiga (scw) waxay u sharxeen sida ay wax u dhaceen. Nebiga (scw) labada kooxood midnaba ma canaanan mana dhaleecayn. Wuxuuse tilmaamay in kooxdii ku tukatay jidka oo hadalkiisii ujeeddada ka raacday ay Sunnada waafaqeen, kooxda kale ee dadaalka iyo ijtihaadka la yimina waxa uu sheegay inay ayaguna leeyihiin hal ajar oo ayan hungoobin. Labada kooxood midna waxay samaysay sidii la rabay tan kalena dadaalka ay la timi dartii ayay hal ajar ku heleen. Naskaas xadiiska ah wuxuu tilmaamayaa kala duwanaanshaha iyo khilaafka noocaas ah inayan ahayn wax keeni kara collaytan iyo isceebayn, waxaasc shardi ah in qofka arrimahaas oo kale ka hadlaya uu leeyahay aqoon, niyadiisuna ay toosan tahay, habka uu naska u fahmayana ay waafaqsan tahay Shareecada. Sidoo kale xilligii Nebiga (scw) ka dib, waxaa dhacay masaa'il saxaabadu ay isku khilaafeen. Saxaabadu masaa'ishaas kuma ayan kala tegin balse qof walba ra'yigiisa ayaa loo sugay laguna tixgeliyey.

Arrimahaas waxay noqdeen aasaas culumadu ay ka shidaal qaataan. Culumadu waxay qalbi waasacsanaan iyo dulqaad u muujiyeen khilaafaadka fiqiga ah ee u dhexeeyay. Waana arrinta ka tarjumaysa dulqaadka imaam Shaafici ka muuqda iyo sida uu ula tacaalay masaa'isha uu ku diiddanaa culumada kale. Culumada Islaamku waxay ku socdeen hab isku miisaaman. Mas'alada ay shiikh ula muuqato inayan sawaab ahayn wuxuu u caddayn jiray si aan ka gabbasho lahayn. Isla markaasna shiikha ku tegay mas'aladaas laga raajaxsan yahay ixtiraamka uu mudan yahay lagama xayuubin jirin. Culumada muxaqiqiinta ah waxay ku tilmaameen iskhilaafka culumadu iyo in shiikhba uu saxo masaa'isha shiikha ka horreeyay uu ku gefay inayba ka mid tahay hababka diinta Islaamka lagu xafiday. Madaahibta kala duwan ee culumaduna waa waddooyin kala nooc ah oo dhammaan tiigsanaya xaqa. Tusaalaha culumadu ay u soo qaataan raacida qofba uu raacsan yahay shiikh gaar ahaaneed oo ka tirsan culumada Ahlu-Sunna Wal-Jamaaca, waxaa lagu matalaa xujeyda marka ay xajka u socdaan, gaar ahaan waqtiyadii hore, waxa uu qof walba raaci jiray nin waddada yaqaan oo ku haga xajka. Raggaas xujayda ku hagaya xajka, nin walba waddo gooni ah ayuu maraa, laakiin waxay dhammaantood isugu yimaadaan xajka iyo Makkah.

Culumada Islaamka ee u banbaxay ka hadlidda mawduuca la xiriira khilaafka furuucda fiqiga aad ayay u badan yihiin. Waxaase nagu filan inaan meeshan ku sheegno Ibn Taymiyya iyo qoraalladiisa la xiriira mawduucaas. Shiikhaas wuxuu qoray kitaab la yiraahdo *"Rafcul-Malaam"*. Wuxuu kitaabkaas si qurux badan u soo bandhigay sababaha keenay culumadu inay mararka qaarkood masaa'isha fiqiga ku kala duwanaadaan. Sidoo kale Ibn Taymiyya qoraallo kale ee uu sameeyay, waxa uu ku caddeeyey in kala-duwanaanshaha-nooceed uusan waxba u dhimayn midnimada. Erayada uu isticmaalay shiikha waxay ahaayeen kuwa qurux badan. Waxaana ka mid ahaa 'Tawwaxud' oo macnaheedu yahay 'Midnimo' (Unity) iyo 'Tanawwuc iyo Tacaddud' oo ayadana luqad ahaan loola jeedo 'Kala-duwanaansho iyo Tirabadni' (Diversity). Wuxuu shiikhu tilmaamay kala-duwanaanshaha qaarkeed ineeyan waxba u dhimayn midnimada Muslimiinta. Waxaa in la xuso mudan Ibn Taymiyya inuu sii mootan yahay ilaa iyo toddobo boqol oo sano wax ku dhow. Taasina waxay muujinaysaa bisaylka noocaas ah inuu yahay mid xididastay oo aan hadda cusbayn, shiikha aan soo xigannayna uusan ahayn nin mucaasira oo hadda nool. War iyo dhammaantii, haddii caqiidada, iimaanka, tawxiidka iyo qawaacidda kulliga ah la isku waafaqsan yahay, khilaafka la xiriira furuucda qaarkeed wax dhibaata ah ma lahan - haddii weliba ikhlaas uu jiro, qofkuna uu dadaalkii loo baahnaa la yimaado.

GEERIDII SHAAFICI

Shaafici wuxuu ahaa nin dheer. Carrabkiisa haddii uu soo bixiyo wuxuu taabsiin karay sankiisa. Labadiisa dhaban way jilicsanaayeen. Wejigiisa hilib badan ma saarrayn. Maarriin ayuu ahaa, garkiisana wuxuu marin jiray cillaan. Qurux iyo caqli badni ayuu isku darsaday, wuxuuna ahaa nin cod wanaagsan. Akhlaaq wanaagsan, oo reer Masar oo dhan ay ku jeclaayeen, ayuu lahaa. Saasoo ay jirtana waa laga haybaysan jiray. Wuxuuna ahaa nin geesi ah, oo yaqaan farda-fuulka. Faraska oo xawli ku socda ayuu gacanna dhegtiisa ku qaban jiray gacanta kalena dhegta faraska ku qaban jiray. Si dhexdhexaada ayuu u labisan jiray, gacanta bidix wuxuu ku xiran jiray faraanti uu ku qornaa erayadan:

كفى بالله ثقة

لمحمد بن ادريس

Allaah oo keliya ayaa ku filan in lagu kalsoonaado
Waxaa iska leh Muxammad ibn Idriis

Waxaase lagu imtixaamay jirro-badni. Yuunus ibn Cabdil-Aclaa wuxuu yiri: *"Ma arag qof u xanuunsaday sida Shaafici u xanuunsan jiray."* An-Nawawi oo hadalkaas tacliiqinayana wuxuu yiri: *"Arrintaas waxaa sabab u ah, Allaah (SWT) ayaase xaqiiqada oge, naxariista Allaah (SWT) uu la doonay. Wuxuuna Allaah (SWT) ula mucaamalooday [Shaafici] sida awliyada iyo dadka wanaagsan uu ula mucaamaloodo. Sida xadiiska saxiixa ah ku sugan, Nebigu (scw) wuxuu yiri: Annaga, haddaan nahay bahwaynta anbiyada, ayaa dadka ugu imtixaan badan. Ka dibna waxaa loo kala imtixaan badan yahay sida loo kala wanaagsan yahay."*

Shaafici marka uu xanuunsado dad farabadan ayaa soo booqan jiray. Marka uu xanuunku ku darraadase uma suurtagali jirin inuu dadka arko. Sida riwaayadaha ka muuqata, Shaafici wuxuu degganaa guri dabaq ah, wuxuuna joogay qol ku yaallay dusha. Waxaa dhacaysay in dadka soo booqda Shaafici ay dhowr jeer irridka ka noqdeen ka dib marka dhalinyarada dabaqa hoose joogta ay u sheegaan inayan idan u haysan in shiikha ay dadka u soo fasaxaan. Shaafici oo ka baqaya in dadka soo booqda aan si fiican cudurdaarkiisa loogu sheegin ayaa ka codsaday ar-Rabiic al-Muraadi inuu fariisto qolka ku yaal jaranjarada agteeda. Wuxuuna u sheegay haddii dad ay soo booqdaan oo hadalkooda uu maqlo inuu hoos u dego una sheego in xanuun daran uu hayo ayna adag tahay in la booqdo.

Inta uu xanuunsanaa Shaafici, maalin ayaa waxaa soo booqday Yuunus ibn Cabdil-Aclaa. Shaafici wuxuu shiikhaas ka codsaday inuu akhriyo oo uu maqashiiyo aayadaha ka dambeeya aayadda 120aad ee Suuradda Aal-Cimraan. Aayadahaas uu doortay in lagu ag akhriyo waxay qaybo ka mid ah ka hadlayeen dhibaatooyinkii Nebiga (scw) iyo saxaabadiisa (rc) soo foodsaartay - arrinkaasoo sabarsiis u ahaa imaamka, halmaansiinayayna xanuunka daran ee hayay.

Maalin kale, asaga oo xanuunkii sakaraatka uu hayo, ayaa waxaa u yimi al-Muzani. Salaan ka dibna, sheekadan ayaa dhexmartay:

Al-Muzani: Maxaad ku bariday, ustaadkeygiiyow?

Shaafici: Waxaan ka socdaa dunida, saaxiibadayna waan ka tegayaa, geeridiina waan hayaa, Allaah (SWT) xaggiisa ayaana u socdaa, camalkaygii xumaana wuu i sugayaa.

Markii uu yiri hadalladaas ay ka muuqato inuu dareensan yahay in la hayo oo ajashiisii ay dhamaatay, wuxuu bilaabay inuu ku hadlo erayo uu Allaah (SWT) ku baryayo isla markaasna waano dheer ayuu u soo jeediyey ardaygiisaas soo booqday.

Habeen Jimce ah. 29kii bisha Rajab. Sannadkii 204. Muxammad ibn Idriis ash-Shaafici, oo 54-jir ah, ayaa ku geeriyooday gurigiisii ku yaallay magaalada Fusdaad ee Masar. Tiiraanyo iyo murugo-naxariiseed ka dib, waxaa la gudagalay mayriddii, kafniddii, ku-tukashadii iyo gelbintii maydka - ardaydiisii uma ayan kala harin hawlgalkaas. Ardaygii baarriga ahaa al-Muzani asagu wuxuu ka mid ahaa raggii dhaqay janaasada imaamka.

Casarkii maalintii Jimcaha, janaasadii waxaa loo soo qaaday iilkii la dhigi lahaa. Muddo markii la sii waday waxaa la soo hormaray gurigii ay degganayd caalimaddii weyneyd ee Nafiisa, ee aan horay u soo sheegnay in imaamku cilmigeeda ka faa'iideystay. Ka dib markii Nafiisa ay codsatay in janaasada la soo marsiiyo, ayaa janaasadii waxaa la dhex keenay deyrka aqalkii ay degganayd. Waxay ka soo degtay gurigeedii, waxayna ku tukatay maydkii. Markay intaas dhacday ka dib, janaasadii waxaa loo sii kaxeeyey dhinaca xabaalaha, meeshaasoo lagu aasay Shaafici, Allaha u naxariistee.

Shaafici marka uu dhintay da'diisu waxay ahayd 54 - wuxuu dhashay bartamihii qarnigii labaad ee Hijriga wuxuuna geeriyooday bilowgii qarnigii saddexaad ee Hijriga.

Allaha u naxariistee, Shaafici wuxuu yaqaannay Kitaabka Allaah (SWT), muxkamkiisa iyo mutashaabihiisa, naasikhiisa iyo mansuukhiisa, aayadaha akhbaarta ka hadla iyo kuwa xukunka sheega, kuwa soo degay xilligii Makkah la joogay iyo kuwa Madiina markii la yimi soo degay, kuwa la soo dejiyay habeen iyo kuwa maalin soo degay, kuwa soo degay waqti Nebigu (scw) safar yahay iyo kuwa soo degay asagoo nag. Wuxuu yaqaannay macnaha, icraabta iyo qirooyinka Qur'aanka iyo weliba aayadaha is-shabbaha. Wuxuu yaqaannay fiqiga Kitaabka iyo axkaamtiisa, cibaadaatka iyo mucaamalaatka, axkaamta dilka iyo jiraaxaadka, dhaxalka iyo dardaaranka, axkaamta cunnada iyo cabitaanka, beeca iyo wax-iibsiga. Wuxuu yaqaannay luqada Carabiga: maansada iyo maahmaahda, qoritaanka iyo hadalka, murtida iyo sheekooyinka. Wuxuu yaqaannay axaadiista, kuwa Xijaaz lagu weriyay iyo kuwa gobolada kale laga yaqiin, kuwa saxiixa ah iyo kuwa dafiicka ah, kuwa axkaamta ka hadla iyo kuwa wacdigaa, kuwa naasikha ah iyo kuwa mansuukhaa, munqadica iyo mursalka, aaxaadka iyo mutawaatirka. Wuxuu yaqaannay abtirsiinyaha iyo wixii la xiriira, dhakhtarnimada iyo daawaynta iwm. Aqoontiisu waxay ahayd mid mawsuuci ah.

SHAAFICI KA DIB

Inkastoo Imaam ash-Shaafici, Allaha u naxariistee, iilka la dhigay, haddana cilmigii laga dhaxlay ayaa noqday mid faafay. Majliskii ama goobtii uu cilmiga ka akhrin jiray Shaafici waxaa fariistay oo shiikh ka noqday al-Buwaydi. Dacallada adduunyada oo dhan ayaa looga soo safray cilmigii laga dhaxlay Shaafici oo maantay gacanta ugu jira ardaydii uu ka tegay. Al-Muzani wuxuu qoray kitaabkii la magac baxay Mukhtasir al-Muzani. Kitaabkaas waa cilmigii Shaafici oo la soo gaabiyay amaba waxaad tiraahdaa waa kitaabkii al-Umm oo la soo gaabiyey. Hordhaca kitaabkaas wuxuu al-Muzani ku yiri: *"Kitaabkan waxaan ka soo gaabiyay cilmigii Muxammad ibn Idriis ash-Shaafici, Allaha u naxariistee, iyo macnaha hadalkiisa. Ujeeddadaydu waa inaan cilmigaas u soo dhaweeyo qofkii raba. Waxaanse ogeysiinayaa qofkaas in [Shaafici] diidi jiray in asaga ama cid kale lagu taqliido. Ujeeddaduna waa qofku inuu diintiisa ka fiirsado naftiisana u dadaalo"*. Waxyaalaha ugu waawayn ee Shaafici ka dib la sameeyay waxaa ka mid ah faafinta, soo gaabinta, sharxidda, iyo difaacidda cilmigii uu ka tegay. In badan oo cilmigaasa wuxuu ku qornaa al-Umm. Xassuun oo ah muxaqiqa al-Umm wuxuu warbixin dheer ka bixiyey kitaabkaas iyo sida looga shaqeeyay.

Warbixintaas oo kooban waxay u qormaysay sidan:

Kitaabka al-Umm oo saldhig u ah fiqigii laga dhaxlay ash-Shaafici, Al-Muzani ayaa noqday qofkii u horreeyay oo soo gaabiyay. Culumada qaarkood ayaga oo ka hadlaya Mukhtasir al-Muzani - kitaabka al-Muzani uu ku soo gaabiyay al-Umm - waxay yiraahdeen: *"Kitaabka Mukhtasir al-Muzani wuxuu la mid yahay gabar ugub ah oo aan weli la taaban"* taasoo macnaheedu yahay kitaabkaas cilmiga ku duugan weli lagama wada faa'iidaysan - Kitaabkaas wuxuu saldhig u yahay kutubta la allifay ee ka hadlaysa, sharxaysa, fasiraysa mad-habka Shaafici.

Maabka kore wuxuu muujinayaa dhulkii Imaam Shaafici, Allaha U Naxariistee, uu degganaa, ku barbaaray, wax ku bartay, wax ka akhriyey, cilmigiisa ku faafiyey iwm. Badda Cas (Red Sea) waagii hore waxaa la oran jiray Baxrul-Qulzum, Qaahira waqtigii Imaam Shaafici ma jirin, waxaase jirtay Fusdaad oo ah magaalo xabaalantay maantayna dhulkay ku taallay wuxuu ka mid yahay Qaahira. Ghaza, Makkah, Madiina, Ciraaq, Dimishiq, Masar, iwm intuba way ka muuqdaan maabka. Meelaha qaarkood si gaara ayaa loo muujiyey.

Mukhtasir al-Muzani waxaa sharxay oo faahfaahiyay culumo farabadan. Shuruuxdaas waxaa ka mid ahaa:

1. Sharax gabay ah oo ka kooban boqol iyo soddon kun tix oo gabay ah. Waxaa allifay Muxammad ibn Axmed, geeriyooday sannadkii 335 Hijriga.
2. Sharx al-Mukhtasir, kitaab lagu sharxay kitaabkii al-Mukhtasir al-Muzani, waxaa qoray imaamka wayn al-Xassan ibn Xusayn al-Qaadi, geeriyooday 345 H.
3. Al-Intisaar, kitaab uu qoray al-Xaafid Abuu-Axmad al-Jurjaani, shiikha allifay kitaabka la yiraahdo al-Kaamil fid-Ducafaa, geeriyooday 365 H.
4. Sharax uu qoray Abuu-Bakar as-Saydlaani, ardaygii Abuu-Bakar al-Qaffaal ash-Shaashi.
5. Sharx al-Muzani, waxaa qoray imaamka Daahir ad-Dabari, geeriyooday 450 H.
6. Sharx Mukhtasir al-Muzani, waxaa qoray Cabdul-Caziiz ibn Cabdul-Kaafi, shiikha sharxay kitaabka at-Tanbiih.
7. Sharax uu qoray Muxammad ibn Axmed ibn Cuthmaan, geeriyooday 749 H.

Xilligii al-Muzani ka dib, waxaa soo baxay saddèx caalim oo isu xilsaartay uruurinta cilmigii Shaafici, Allaha u naxariistee, uu ka tegay. Culumadaas waxay kala ahaayeen:

1. Al-Qaasim ibn Muxammad ibn Cali ash-Shaashi, wiilkii uu dhalay al-Qaffaal al-Kabiir. Wuxuu qoray kitaab la yiraahdo at-Taqriib oo uu ku   qoray nusuus fara badan oo ah erayadii uu Shaafici yiri.
2. Axmed ibn Muxammad az-Zuuzani. Wuxuu qoray kitaab wayn oo uu ku uruuriyay kutubtii Shaafici.
3. Abuu-Bakar al-Faarisi, ardaygii ibn Surayj, wuxuu qoray kitaab la yiraahdo Cuyuun al-Masaa'il oo ka hadlayay masaa'ishii Shaafici.

Markii la soo gaaray dawrkii imaamkii la oran jiray Abuu-Bakar, Axmed ibn Xusayn al-Bayhaqi oo noolaa sannadkii 384 ilaa iyo sannadkii 458, wuxuu daraasad xeel dheer ku sameeyay kutubtii ay qoreen raggii ka horreeyay. Natiijada u soo baxdayna waxay ahayd inuusan ku qancin kutubtaas. Wuxuu arkay in kutubtaas sidii la rabay ayan u soo xigan erayadii uu ku hadlay Shaafici. Markaas ayuu bilaabay inuu dib u soo uruuriyo erayadii Shaafici. Al-Bayhaqi wuxuu ku dul ictikaafay kutubtii cusbayd ee Shaafici uu ku allifay Masar iyo weliba kuwii hore ee Ciraaq. Dabadeedna wuxuu qoray kitaab ballaaran ee uu ku soo uruuriyey hadalkii Shaafici oo faahfaahsan watana daliilka iyo xujada imaamku cuskaday. Asaga oo ka faa'iidaysanaya aqoonta uu u lahaa axaadiista, al-Bayhaqi wuxuu uruuriyay axaadiista mad-habka imaam Shaafici ku salaysan yahay. Kutubtaas uu qoray wuxuu u bandhigay culumadii ay isku casriga noolaayeen sida Abuu-Muxammad al-Juwayni. Culumadaasna waxay muujiyeen inay raalli ka yihiin ficilkaas al-Bayhaqi uu sameeyay.

Markaas ka dib, al-Bayhaqi wuxuu bilaabay inuu allifo kitaab kale oo la yiraahdo *"Macrifatus-Sunan wal-Aathaar"*. Al-Bayhaqi oo ah shiikha allifay kitaabka la yiraahdo Macrifat As-Sunan Wal-Aathaar wuxuu si cad u sheegay in ujeedada uu kitaabka u allifay ay tahay rabid uu rabo inuu ka hadlo axaadiista iyo aathaarta Imaam Shaafici uu daliishaday. Al-Bayhaqi wuxuu kitaabkan ku soo ururiyay axaadiis iyo aathaar fara badan oo uu Shaafici weriyay una daliishaday mad-habka iyo masaa'isha uu doortay. Ka dibna wuxuu ka hadlay axaadiistaas, wuxuuna u keenay waxyaabo ayidaya saxsanaanta axaadiistaas. Waa kitaab takhriijinaya axaadiista Shaafici daliishaday. Warbixintaas kooban ee Xassuun aan ka soo xigannay waxay tusinaysaa sida la isaga xilsaaray cilmigii Shaafici.

Ardaydii Shaafici, Allaha u naxariistee, cilmiga Masar uga qaatay ardaygii ugu dambeeyey ee dadku ay ka sii weriyeen cilmiga Shaafici wuxuu ahaa ar-Rabiic ibn Sulaymaan al-Muraadi al-Mu'addin. Maalin ayaa waxaa laga tiriyay 700 oo rati oo hor fadhida guriga ar-Rabiic deegaanka u ahaa. Awrtaas safarka ah waxaa watay dad cilmidoon ah oo rabay inay ar-Rabiic ka weriyaan cilmigii Shaafici. Tirakoobkaas wuxuu tusayaa tira-badnida ardaydii xer-cilmiga ahayd iyo sida loo qiimayn jiray cilmiga Shaafici.

Waxaa la weriyaa in Imaam ibn Khuzeyma, hormuudkii cilmiga, xaafidkii axaadiista, imaamkii imaamyada, mar la weydiiyey: *"Ma jirtaa axaadiis Shaafici uusan arag"*, uu ku jawaabay: *"Maya, ma jirto axaadiis aan soo gaarin Shaafici"*. Hadalkaas uu yiri caalimkaas ku takhasusay axaadiista isla markaasna xafidsanaa wuxuu marag-ma-doonto u yahay Shaafici inuu aqoon baaxad weyn u lahaa axaadiista.

Culumadii muxaddisiinta ahaa ee gadaal ka timid ee sida rasmiga ah u dhammaystiray geeddi-socodkii uruurinta iyo diiwaangelinta axaadiista si gaara ayay u qiimayn jireen Imaam Shaafici, Allaha u naxariistee. Haddii aan ku bilawno Bukhaari iyo kitaabkiisii Saxiixa ee uu ku uruuriyey qaar ka mid ah axaadiista Nebiga (scw). Xadiiska ugu horreeya ee Bukhaari uu ku bilaabay kitaabkiisa Saxiixa waa xadiiska niyada *"innamal acmaalu bin-niyyaat"*, acmaashu waxay ku ansaxdaa niyada. Bukhaari wuxuu xadiiskaas ka weriyey caalim uu nolol ku soo gaaray oo ah Cabdullaahi ibn Zubayr, al-Xumaydi. Al-Xumaydi wuxuu ahaa shiikhii fiqiga ka qaatay isla markaasna laasimay Shaafici wuxuuna u raacay Masar. Markii Shaafici geeriyoodayna al-Xumaydi wuxuu ku soo noqday magaaladiisii Makkah, meeshaas ayuuna joogay ilaa iyo sannadkii 219 ee Hijriga, oo ahaa sannadkii uu geeriyooday. Al-Xumaydi inkastoo uu fiqiga Shaafici ka bartay, haddana labadoodu waxay xadiiska ka wada qaateen Sufyaan ibn Cuyayna, shiikhii xadiiska ee Makkah. Haddaba Bukhaari oo ah muxaddis mudnaanta koowaadna siinaya silsiladda xadiiska silsiladba silsiladda ay ka gaaban tahay wuxuu doorbiday inuu xadiiska 'niyada' ka weriyo al-Xumaydi oo asna ka sii werinaya Sufyaan ibn Cuyayna, inta uu xadiiska silsilad dheer ku warin lahaa. Bukhaari inuu xadiiskaan ka weriyo al-Xumaydi oo asna ka werinaya Sufyaan ibn Cuyayna ayaa uga gaaban inuu ka weriyo xadiiska shiikh kale oo asna ka sii werinaya Shaafici oo asna ka sii werinaya Sufyaan.

Maxaa yeelay Bukhaari ma soo gaarin Shaafici. Waddada al-Xumaydi haddii Bukhaari uu ku weriyo xadiiska, silsiladdu waxay noqonaysaa mid gaaban illeen Bukhaari iyo Sufyaan waxaa u dhaxeeya oo keliya al-Xumaydi. Haddiise waddada kale uu qaado, Bukhaari iyo Sufyaan waxaa u dhaxeynaya laba qof. Haddaba raadinta Bukhaari uu raadinayo silsiladda gaaban iyo aragtidii uu arkay culumo Shaafici ay isku shiikh axaadiista ka wada qaateen ayaa keentay Bukhaari inuusan werin axaadiis silsiladdeeda uu Shaafici ku jiro. Imaam Muslim isagana sababtaas oo kale ayaa keentay inuusan axaadiis silsiladdeedu uu ku jiro Shaafici werin. Hase yeeshee culumadaas muxaddisiinta ah aad bay u qaddarin jireen Shaafici. Tusaale ahaan Bukhaari waxaa la sheegaa inuu ardaydii Shaafici ka qaatay masaa'ishii fiqiga ee Shaafici ka tegay qaarkeed. Marka la eego kitaabkiisa Saxiixa ahna meelo ka mid ah ayuu si toosa ugu sheegay fiqiga Shaafici. Dhinaca kale, Asxaabus-Sunan, sida Abuu-Daa'uud iyo Tirmidi iyo weliba Axmed ibn Xanbal, ibn Khuzeyma iyo rag kale oo farabadan waxay weriyeen axaadiis Shaafici laga weriyey.

Shaafici ka dib culumo aad u farabadan ayaa dusha iska saaray mas'uuliyadda ah in mad-habka fiqiga imaamka ay difaacaan, ka shaqeeyaan oo hufaan isla markaasna faafiyaan. Culumadaas gadaal ka timi aad ayay u fara badan yihiin waxaase ka mid ahaa:

♦ Ibn Surayj oo ah caalimka loogu naynaasi jiray Shaaficigii Labaad. Wuxuu aqoon farabadan u lahaa fiqiga Shaafici.

♦ Ash-Shaashi, Muxammad ibn Ismaaciil al-Qaffaal al-Kabiir. Wuxuu ahaa imaamkii mad-habka Shaafici geeyey gobolkii la oran jiray ما وراء النهر "Maa Waraa'an-Nahri" Dhulka Webiga Ka Shisheeya (Transoxus) - Waa dhulka ka shisheeya webiga Oxus (Amyderya) ee ku dhaamada badda la yiraahdo Aral Sea oo ah dhulka maantay ku beegan Bukhaara, Samarqandi iwm. Ash-Shaashi wuxuu ahaa imaam wayn, looga dambeeyo tafsiirka, xadiiska, usuusha iyo furuucdaba, luqada iyo gabaygaba. Wuxuu ku caan baxay rixlooyin badan oo uu ku baranayay cilmiga xadiiska. Wuxuu ahaa nin zuhdi badan xalaal-miirashana lagu yaqaan. Wuxuu sharxay kitaabka ar-Risaala. Wuxuu soo gaaray oo uu cilmiga ka qaatay Ibnu Khuzayma, Ibn Jariir iyo al-Baqawi. Asagana waxaa wax ka weriyay rag waawayn sida al-Xaakim. Wuxuu dhintay sannadka Hijrigu markuu ahaa 365.

◆ Al-Bayhaqi oo aan asaga soo xusnay. Wuxuu ku caan baxay difaacidda mad-habka Shaafici ilaa culumada qaarkood ay ka sheegeen in Shaafici abaal ku leeyahay qof walba oo ka faa'iidaystay mad-habkiisa, al-Bayhaqise asaga ayaa abaal ku leh Shaafici maxaa yeelay wuxuu difaacay kana shaqeeyay imaamka mad-habkiisa.

◆ Imaam An-Nawawi, oo ahaa caalimkii waynaa ee xalaal-miirashada iyo ka fogaanshaha raaxada adduunka lagu yaqiin. Wuxuu saddex dalqadood ku furay adduunka, wuxuuna doortay nolosha dambe ee aakhiro. Wuxuu ku caan baxay allifaadda kutub fara badan oo ka hadlaysa fiqiga, xadiiska, magacyada iyo taariikhda culumada iyo ruwaadda iyo luqada fiqiga iwm. Wuxuu sharxay kitaabka caanka ah ee S a x i i x a ah ee Saxiixul-Muslim loo yaqaan. Kutubtii uu qoray sida ar-Baciin an-Nawawiyya (afartanka xadiis) iyo Riyaad as-Saalixiin waxay noqdeen kuwa Muslimiintoo dhan ay jecel yihiin oo ay ka faa'iidaystaan tan iyo xilliga aan joogno. Caalimkaas waxaa kaloo lagu yaqiinnay sharxidda, soo gaabinta, iyo allifaadda kutubta ka hadasha fiqiga Shaaficiga. Kutubtiisa fiqiga kuwa ugu caansan waxaa ka mid ah al-Majmuuc Sharx al-Muhaddab oo ah kitaab uu ku farayaraystay hase yeeshee ma uusan dhammaystirin. Waxaa kaloo jira kitaab kale oo uu qoray oo la yiraahdo al-Minhaaj, oo ah kitaab uu soo gaabiyay, kana hadlaya fiqiga Shaaficiga. Kitaabkan al-Minhaaj waa kitaabka Soomaaliya lagu baran jiray haddana weli lagu barto. Xerta Soomaaliyeed ee ku hawlan barashada cilmiga waa kitaabka qiimaha leh oo ay fiqiga tan iyo hadda ka bartaan.

♦ Al-Bulqiini, asaguna wuxuu ahaa caalim aqoon ballaaran lahaa noolaana xilligii Ibn Khalduun. Haddaba Ibn Khalduun aan fiirinno waxa uu ka yiri caalimkaas: *"... Ilaa [Fiqiga Shaaficiga] uu gacanta u galay Shaykhal Islaamkii Masar ee xilligan oo ah Siraajud-Diin al-Bulqiini oo maantay ah culumada fiqiga Shaaficiga ee Masar ninka ugu wayn. Waxaaba la dhihi karaa waa caalimka ugu wayn culumada casrigaan nool."*

Culumadii taabacsanayd mad-habkii Imaam Shaafici tiradooda qoraalkan laguma soo koobi karo. Mawduuca la xiriira magacyada iyo taariikh-nololeedka culumadii Shaaficiyyada ahaa wuxuu noqday fanni goonni u taagan oo si gaara looga hadlo. Waxaana samaysmay kutub gaara oo la yiraahdo 'ad-Dabaqaat ash-Shaaficiyya' oo mawduucaas si gaara u lafagura.

Dhulka loo yaqaannay ما وراء النهر *Maa Waraa'an-Nahri* (Dhulka Ka
Shisheeya Webiga oo afka Ingiriisiga lagu yiraahdo Transoxus ama
Transoxiana) waa dhulka ka muuqda maabka xaggiisa sare. Webiga
shishadiisa laga hadlayo waa webiga maantay loo yaqaan *Amyderya*
ee ka muuqda maabka (fiiri xariiqda qarada yar ee ka hoosaysa ereyga
Samarcande). Dhulka webigaas ka shisheeya ee xagga sare ka xiga
ayaa loo yaqaannay ما وراء النهر *Maa Waraa'an-Nahri*. Dhulkaas waa
dhul ballaaran oo maantay loo yaqaan Turkistaan. Waxaana ka mid ah
Bukhaara iyo Samarqandi ee hoos imanaya Uzbakistaanta ka muuqata
maabka kore. Caalimkii la oran jiray Ash-Shaashi, Muxammad ibn
Ismaaciil al-Qaffaal al-Kabiir ayuu ahaa imaamkii mad-habka
Shaafici geeyey dhulkaas.

HADALLADII IYO MURTIDII
LAGA DHAXLAY SHAAFICI

"Haddii garaadkaagu ku siin waayey inaad arrintaas muuqata fahamtid, maba ahan inaad diinta ka hadashid"

"Marka fiqi la yiraahdo, dadku waxay dulsaar ku yihiin Abuu-Xaniifa"

"Haddii laga hadlayo culumada, Maalik ayaa ah xiddiggii culumada"

"Magaalada Baqdaad, dadkii aan uga soo tegay kuma jirin cid ka aqoon badan, ka garasho fiican, kana xalaal-miirasho badan Axmed ibn Xanbal"

"Markaan arko qof Asxaabul-Xadiis ah, waxaad mooddaa inaan arkay saxaabadii Nebiga (scw) qof ka mid ah"

"Xadiisku sidiisuu xujo madaxbannaan u yahay, uma baahna taageero kale"

"Qiyaaska waxaa la isticmaalaa marka dantu ay kugu qasabto (daruuro ay keento)"

"Qof aan hadal oran oo aamusan looma nisbayn karo qof kale hadal uu yiri ama fal uu sameeyey"

"Sidee ii oran kartaa xadiiskan ma ku camal falaysaa, ma waxaad igu aragtaa zinnaar dhexda iigu xiran"

"Haddii xadiisku saxiix noqdo, isagaa mad-habkeyga ah"

"Qofkii ay u caddaato Sunno Nebiga (scw) laga soo weriyey, ayada ha raaco hadalkaygana ha iska daayo"

"Dhacda kastoo timaadda Allaah (SWT) xukun ayuu siiyey"

"Baadigoobka cilmiga waa uu ka fadli badan yahay salaad sunno ah"

"Qofkii Aakhiro raba cilmi ha barto, qofkii adduunyo rabana, sidoo kale, cilmi ha barto"

"Dadku way halmaansan yihiin macnaha Suuratul-Casri"

"Waajibaadka ka sokow, ma jiro wax Allaah (SWT) loogu dhawaado oo ka fadli badan cilmiga"

"Qofkii aad u jeclaada adduunka, waxaa qasab ku noqonaysa inuu isu dulleeyo dadka haysta hanti-adduun. Qofkiise ku qanca inta uu heysto, uma baahna inuu is dulleeyo"

"Caqli badnidu waa in qofku mar walba xaqa raaco"

"Dadkoo dhan lama wada raalli gelin karo"

"Qofkii dadka war kaaga soo sheega, ogow adigana inuu war kaa qaadayo".

"Isla-weynidu waa dabeecadda dadka liita"

"Dadka waxaa ugu sharaf badan qofka aan isu arag inuu dadka ka sharaf badan yahay"

"Ha ku gabood falin xaqa saaxiibkaa adigoo isku hallaynaya kalgacaylka uu kuu qabo"

"Qofkii qof qarsoodi wax ugu sheega waa u naseexeeyay, haddiise uu fagaare ku saxo wuu fadeexeeyay"

"Haddii dano badan aad leedahay, marka hore fuli midda ugu muhiimsan"

"Iska ilaali inaad ka hadashid arrin aan ku khuseyn, hadalku hadduu afkaaga ka baxo asagaa ku xukuma ee adigu ma xukuntid"

"Haddii aadan Baqdaad arag, adduunba ma adaa arkay"

GABAYADII SHAAFICI

Gabayada Imaam Shaafici, Allaha u naxariistee, uu tiriyey waa ay farabadan yihiin. Waxaanse halkan ku xusayaa oo keliya qaar ka mid ah gabayadaas oo aan ka soo xulay diiwaanka gabayada Shaafici.

Naciibu Zamaananaa

Gabayga la magac baxay *"naciibu zamaananaa"*, waqtigaan joogno ayaan eedeynaa, wuxuu ka mid yahay gabayada ugu caansan ee laga weriyo Shaafici. Dadka waxaa caado u ah inay ka cararaan mas'uuliyadda, ka meereystaan inay aqbalaan khaladkooda oo ay runta qiraan. Dhibaatooyinka dhaca waxaa sababa dadka, hase yeeshee bini'aadanku, wuxuu intaas eedeeyaa cid kale, sida waqtiga lagu jiro iwm. In badan bay dadku yiraahdaan *"waqti xun baa lagu jiraa"* kumana baraarugsana bini'aadanku dhibaato gacantiisa uusan ku keensan inayan dhicin. Shaafici waxa uu gabaygan ku sheegayaa, inkastoo waqtiga la eedeeyo, haddana cidda eedda mudan inay annaga tahay. Waqtigu muxuu dhimay? Dhibku waa annagee. Haddii waqtiga fursad loo siin lahaa inuu hadlo, annaguu na eedeyn lahaa. Dadku ayagoo og in xamashadu ay la mid tahay qofka oo hilibkiisa la cuno ayey haddana intaas xan, is-colaadin iyo is-cunid ku jiraan. Waa u bareerid hilib dad cuniddiis. Ma xayawaankaa na dhaama, yeeyguba hilibkiisa ma cunee maxaan annagu hilbaheenna u cunaynaa. Maxaase kala duway dhaqanka aan dadka u muujinno iyo waxa noo qarsoon. Waxaan la mid nahay yeey xirtay harag ari, si xooluhu ugu khaldamaan. Neefkii soo aada yeeygaas haragga ari xiran baa tiisii gashay. Qofkii ku sirma dhoolla-caddaynteenna, aan ogayn waxa noo qarsoon, asagaa cirka roob ku og!

Waqtigaan eedeynnaa
Ceebaan annaga ahaynse waqtigu ma laha.
Gardarraan waqtiga u dhaleecaynaa

Haddiise waqtigu hadli lahaa
Annaguu na dhaleeceyn lahaa.
Nolosheennu waa istus-tus iyo is-maqashii
Si aan dadka u camaynno.
Yeeygu hilib-yeey ma cuno
Annaguse dharaar cad baan is cunaynaa.
Dhagrid baan harag ari u soo xirannay
Qofkii na soo aadaa, tiisii gashay.

[Naciibu zamaananaa wal caybu fiinaa
Wamaa lizamaaninaa caybun siwaanaa.
Wa nahjuu daz-zamaana biqayri dambin
Walaw nadaqaz-zamaanu lanaa hajaanaa.
Fadunyaanat-tasannucu wat-taraa'ii
Wa naxnu bihi nukhaadicu man yaraanaa.
Wa laysad-di'bu ya'kulu laxma di'bin
Wa ya'kulu bacdunaa bacdan ciyaanan.
Labisnaa lil khidaaci musuuka da'nin
Fa waylu-lil muqiiri idaa ataanaa]

Faqiiha Iyo Safiiha

Gabaygan kale oo la magac baxay *"faqiiha iyo safiiha"* ama *"caalimka iyo jaahilka"* waxa uu si qurux badan isu barbardhigayaa qofka aqoonta leh iyo kan garaadkiisu liito. Haddaad rabtid inaad ogaatid safiiha inta uu u jiro faqiiha waxaad fiirisaa inta faqiihu u jiro safiiha. Su'aasha aad ka fiirinaysid dhinaca safiiha, ka soo fiiri dhinaca faqiiha. Su'aasha dhinaca kale iska soo taag, haddaad rabtid inay kuu caddaato.

Marka la barbardhigo safiiha,
Faqiihu wuxuu la mid yahay
Sida marka la barbardhigo faqiiha,

Safiihu uu la mid yahay.
Kani kaas wuu ka fogaanayaa
Kaasna kan kaba sii fog.
Safiih lunsan waxaan lagu garan waayin
Faqiih buu isku taagaa.

[Wa manzilatus-safiihi minal-faqiihi
Ka manzilatil-faqiihi minas-safiihi.
Fahaadaa zaahidun fii qurbi haadaa
Wa haadaa fiihi az-hadu minhu fiihi.
Idaa qalabash-shaqaa'u calaa safiihin
Tanaddaca fii mukhaalafatil-faqiihi]

Dacil Ayaama Tafcalu Maa Tashaa'u

Gabaygan kale *"Dacil ayaama tafcalu maa tashaa'u"*, faraha ka qaad
maalmaha waxay doonaan ha faleene, wuxuu ka hadlayaa xirfadda
qofku u baahan yahay si uu u noolaado. Xaaladaha adduunku way
isbeddelaan, waxaana qofka la soo gudboonaan kara xaalado
qallafsan. Haddii ay dhibaato ku soo foodsaarto, waxba ha argagixin,
cabbaar ka dib fudeyd baa imaanayee. Si kastoo aad u dhibaataysan
tahay, akhlaaqda wanaagsan ha ka tegin. Ogow, deeqsinimadu
ceebtaaday qarisaaye. Cadowgaa mar walba u muuji inaadan liidan.
Bakhiil deeqsinnimo ha ka filan. Ogow, waxyaabo aan laga carari
karin ayaa jiree sida dhimashada.

Faraha ka qaad maalmaha,
Waxay doonaan ha sameeyaan.
Haddii Qadarku wax go'aamiyo,
Nafsad wanaag la imow.
Ha ka argagaxin dhacdooyinka adduun
Kollay dhacdo adduun baan waarayne.
Noqo nin dhibaatada u adkaysta

Astaanna ka dhigo cafis iyo ballan-wanaag
Haddii iinahaagu kula bateen
Rabtidna inaad daboosho
Deeqsinimo adeegso
Ayadaa ceeb walba qarisee
Weligaa liidashadaa
Cadawgaaga ha tusin
Ku digasho cadow waa balaayee.
Qof bakhiila deeqsinimo ha ka filan
Biyo iyo dab kala dheere.
Tartiibsi risqi kuuma diido
Rafaadna risqi ma keeno.
Murugo iyo dhibaato
Farax iyo bash bash
Midna laguma waaro.
Haddii qanaacad aad leedahay
Adi iyo hantiilaha waa siman tihiin.
Qofkii geeridu u timaado, cir iyo dhul
Meel uu ku dhuuman karo ma jirto.
Dhulka Alle waa waasic
Haddiise Qadarta geeridu timaaddo
Ciriiruu kula noqdaa.
Faraha ka qaad maalmaha,
Waxay rabaan ha maleegaane
Illeen dhimashaan daawo lahayne.

[Dacil ayaama tafcalu maa tashaa'u
Wa dib nafsan idaa xakamal-qadaa'u.
Walaa tajzac lixaadithatil-layaali
Famaa li xawaadithid-dunyaa baqaa'u.
Wa kur-rajulan calal ahwaali jaldan
Wa shiimatukas-samaaxatu wal wafaa'u.
Wa in kathurat cuyuubuka fil baraayaa
Wa sarraka an yakuuna lahaa qidaa'u.
Tasattar bis-sakhaa'i fa kullu caybin

Yuqaddiihi kamaa qiilas-sakhaa'u.
Wa laa turi lil acaadi qaddu dullan
Fa inna shamaatatal acdaa balaa'u.
Walaa tarjus-samaaxata min bakhiilin
Famaa fin-naari lid-dam'aani maa'u.
Wa rizquka laysa yunqisuhut-ta'annii
Wa laysa yaziidu fir-risqil-canaa'u.
Walaa xuznun yaduumu walaa suruurun
Walaa bu'sun calayka walaa rakhaa'u.
Idaa maa kunta daa qalbin qanuucin
Fa anta wa maalikud-dunyaa sawaa'u.
Wa man nazalat bis-saaxatihil-manaayaa
Falaa ardun taqiihi walaa samaa'u.
Wu ardul-laahi waasicatun walaakin
Idaa nazalal-qadaa'u daaqal-fadaa'u.
Dacil-ayyaama taqdiru kulla xiinin
Famaa yuqnii canil-mawtid-dawaa'u]

Nafsii Tatuuqu Ilaa Misr

Gabaygan *"Nafsii tatuuqu ilaa misr"*, nafteydu Masar bay jamatay,
wuxuu Shaafici tiriyay ka hor intuusan aadin Masar. Wuxuu in badan
ku fakarayay inuu Masar aado, qalbigiisana aad ayay ugu weynaatay.
Si Masar loo gaaro waa in la galaa safar dheer, la sii maraa dhul
saxaro ah, lama-degaan, bahgooyo, lagana sii gudbaa magaalooyin
farabadan. Shaafici wuxuu isweydiinayaa waxa dhulkaas uga
horreeya, ma hodontinnimo iyo nolol fiican baa ka horraysa mise
wuxuu u socdaa iilkii lagu aasi lahaa.

Naftayda baa Masar jamatay
Dhul lama-degaan ah iyo
Bahgooyaase ka horraysa.
Garan maayo, Wallaahay
Ma liibaan iyo barwaaqaan

U socdaa mise iilkii la i dhigi lahaa.
[Laqad asbaxat nafsii tatuuqu ilaa Misri
Wa min duunihaa qadcul-mahaamati wal-qafri.
Fawallaahi maa adrii alilfawzi wal-qinaa
Usaaqu ilayhaa am usaaqu ilal-qabri]

Afdalul Culuum

Gabaygan *"Afdalul Culuum"*, Cilmiga Ugu Fiican, wuxuu ka
hadlayaa ilaha culuumta diinta. Qofkii raba cilmiga diinta ha laasimo
Qur'aanka, Fiqiga iyo Xadiiska sugan ee silsilad taxan lagu weriyay.
Shaafici wuxuu muujinayaa qiimaha uu leeyahay cilmiga lagu weriyo
sanad ama silsilad sida xadiiska. Cilmiga diinta waa Qur'aanka,
Xadiiska iyo Fiqiga oo ah labadaas in la fahmo. Shaafici meeshan
ugama hadlayo cilmiga adduunka la xiriira.

Culuumtoo idil
Waa waqti mashquulin
Inta aan ka ahayn Qur'aanka
Xadiiska iyo Fiqiga Diinta.
Cilmigu waa xaddathanaa
Wixii ka soo harayna
Waa waswaas Sheydaan

[Kullul culuumi siwal-qur'aani mashqalatun
illal-xadiitha wa cilmal-fiqhi fid-diini.
Al-cilmu maa kaana fiihi qaala xaddathanaa
Wamaa siwaa daalika waswaasush-shayaadiini]

Dhakhtar Jirran

Gabaygan *"Dhakhtar Jirran"* munaasabadda uu ku yimid waxay ahayd, mar uu Shaafici xanuunsaday ayaa waxaa soo booqday ardaydiisii qaar ka mid ah. Waxay ku yiraahdeen, ma kuugu yeernaa dhakhtar? Haa buu ku jawaabay. Dakhtarkii bay u yeereen. Sida caadada u ah dhakhaatiirta, dhakhtarkii wuxuu taabtay jirkii Shaafici si uu u ogaado sida loo hayo iyo meesha xanuunaysa. Labada jir markay istaabteen, Shaafici oo cilmiga dhakhtarnimada yaqaannay ayaa dhakhtarka jirkiisa ka dareemey in dhakhtarku jirran yahay. Waa yaabka yaabkiise, dhakhtarku ma uusan ogayn inuu asba xanuunsan yahay. Shaafici markiiba gabay ayuu tiriyay. Hadday daawo bukooto maxaa lagu daaweeyaa:

Dhakhtarkii baa yimid
Jirkayguu baaray
Anna kiisaan baaray
Illeen dhakhtarku isagaaba buka.
Asagoo bukaan ah
Buu berrina i daaweyn rabaa
Waa yaabka yaabkiis
Dhakhtarka indhaha
Hadduu indhaha ka jirran yahay.

[Jaa'ad-dabiibu yajussunii fajasastuhu
Fa idad-dabiibu limaa bihi min xaal.
Wa qadan yucaalijunii biduuli saqaamihi
Waminal-cajaa'ibi acmashun kaxxaal]

Tacallam

Gabaygan *"Tacallam"*, waxbaro, wuxuu Shaafici ku tibaaxayaa
qiimaha aqoontu leedahay. Qof isagoo wax yaqaan dhashay ma jiro,
waxbarashadu waa wax la kasbado. Qof wax yaqaan iyo qof jaahila
isuma dhigmaan. Qofkii weyn oo laga dambeeyo hadduusan aqoon
lahayn wuxuu noqdaa qof yar oo aan qiimo lahayn marka ay timaaddo
arrin xal aqoon ku dhisan u baahan. Qofka yarse hadduu cilmi
leeyahay marka fagaare la tago oo aqoon loo baahdo wuxuu noqdaa
qof weyn. Waxbaro oo noqo qof iskala weyn nolol hoose, hantina ha
ka dhigan wixii aad ka dhaxashay dadkii kaa horreeyey.

Waxbaro!
Qof aqoonta ku dhashay ma jiree
Aqoonyahanku jaahilka lama sinnee.
Haddii musiibo timaaddo
Aqoonna loo baahdo
Odaygii weynaa
Hadduusan meesha aqoon ku hayn
Wuu yaraadaa.
Qofkii yaraase
Hadduu aqoon leeyahay
Kolka fagaaraha la yimaado
Qof weyn buu noqdaa.
Nolosha tan liidata
Ha ku qancin
Hana isku hallayn
Dhaxal kaaga yimi awoowayaashaa.

[Tacallam falaysal mar'u yuuladu caaliman
Walaysa akhuu cilmin kaman huwa jaahilun.
Wa inna kabiiral-qawmi laa cilma cindahuu
Saqiirun idal-taffat calayhil-jaxaafilu.

Wa inna saqiiral-qawmi in kaana caaliman
Kabiirun idaa ruddat ilayhil-maxaafilu.
Walaa tarda min cayshin biduunin walaa yakun
Nasiibuka irthun qaddamat-hul-awaa'ilu]

Cilmiga Lama Koobi Karo

Gabaygan *"Cilmiga Lama Koobi Karo"*, Shaafici wuxuu ku
tilmaamayaa in qof cilmiga oo dhan baran kara uusan jirin. Haddaba,
cilmi walba inta ugu fiican waa in qofku ka qaato.

Cilmi oo dhan
Qof gaari karaa ma jiro
Kun sanaba wax ha bartee.
Cilmigu waa bad qoto dheere
Inta ugu fiican ka qaata.

[Lan yabluqal-cilma jamiican axadun
Laa walaw xaawalahuu alfa sanah.
Innamal-cilmu camiiqun baxruhu
Fakhuduu min kulli shey'in axsanahu]

Dhowrsanaada Si Haweenkiinnu U Dhowrsanaadaan

Gabaygan *"Dhowrsanaada si haweenkiinnu u dhowrsanaadaan"*,
Shaafici gabaygan wuxuu dadka ku tusaalaynayaa caaqibo-xumada
zinadu ay leedahay. Qofkii haweenka dadka kale ka zinaystaa, ha u
baqo gurigiisa. Daynta waa inuu gudaa.

Dhowrsanaada
Haweenkiinnu ha dhowrsanaadaane.
Kana fogaada

Qof Muslim ah
Waxaan ku habboonayn.
Zinadu waa dayn
Qoyskaagaana gudaya.

[Ciffuu taciffa nisaa'ukum fil-maxrami
Wa tajannabuu maa laa yaliiqu bi Muslimi.
Innaz-zinaa daynun fa in aqradtahu
Kaanal-wafaa min ahli-baytika faclami]

Dadaale Wuu Gaaraa, Ma-Dadaalase Ma Gaaro

Gabaygan *"Dadaale Wuu Gaaraa, Ma-dadaalase Ma Gaaro"* wuxuu
sheegayaa in darajada aad gaaraysid ay ku xiran tahay hadba dadaalka
aad bixisid. Dadaalaa wuu gaaraa. Ninkii seexdase siciis baa dibi
dhala.

Darajada la gaaraa
Waa hadba dadaalkaa
Qofkii darajo sare doona
Habeenno badan buu dhafraa.
Qofkii dadaal la'aan
Darajo sare doona
Cimrigiisuu dayacay
Illeen mustaxiil buu doonaye.
Sharaf baad rabtaa
Habeenna waad huruddaa
Ma caqligal baa
Qofkii luul rabaa
Badduu quusaa.

[Biqadril-kaddi tuktasabul-macaali
Waman dalabal-culaa sahiral-layaali.
Waman raamal-culaa min qayri kaddin
Adaacal-cumra fii dalabil-muxaali.
Taruumul-cizza thumma tanaamu laylan
Yaquusul-baxra man dalabal-la'aalii]

Qofka Wanaagiisaa Lagu Qiimeeyaa

Gabaygan *"Qofka Wanaagiisaa Lagu Qiimeeyaa"* wuxuu
caddaynayaa in waxa qofka lagu qiimeyn karo ay tahay
waxqabadkiisa, akhlaaqdiisa iyo isku-kalsoonidiisa.

Camalkiisuu faqiihu
Faqiih ku noqday
Faqiih laguma noqdo
Warbadni iyo waan hadli karaa.
Qofka madaxda ahna
Waa kan akhlaaqdiisa wax ku hoggaamiya
Ma ahan kan tolkiisa iyo
Raggiisa badnidooda
Madaxnimada ku fuulay.
Kan hodonka ahna
Waa kan xaaladdiisu deeqday
Maaha kan haysta hanti iyo maal.

[Innal-faqiiha huwal-faqiihu bificlihii
Laysal-faqiihu binudqihii wa maqaalihii.
Wakadar-ra'iisu huwar-ra'iisu bikhulqihii
Laysar-ra'iisu biqawmihii wa rijaalihii.
Wakadal-qaniyyu huwal-qaniyyu bixaalihii
Laysal-qaniyyu bimulkihii wa bimaalihii]

Saddex Dilaa Ah

Gabaygan *"Saddex Dilaa ah"*, wuxuu ka warramayaa saddex shay oo qofka caafimaadkiisa aan u fiicnayn. Tan koowaad cabbitaanka khamriga oo qofka dhibaatooyin waaweyn u gaysata. Tan labaadna waa galmada faraha badan. Tan saddexaadna waa cunnada oo mar walba la cuno, tii hore oo weli caloosha ku jirta in mid kale laga dabageeyo.

Saddex shey
Dadkay halaagaan
Qof fiyow bay
Jirro ku ridaan.
Khamri-cab badan
Galmo joogta ah
Raashin mar walbaa.

[Thalaathun hunna muhlikatul-anaami
Wadaaciyatus-saxiixi ilas-saqaami.
Dawaamu mudaawamatin wa dawaamu wad'in
Wa idkhaalu dacaamin calad-dacaami]

Iska Illow Jaahilka

Gabaygan waxaa la yiraahdaa *"Iska Illow Jaahilka"*. Si kastoo qofka maangaabka ah uu kuu caayo, ha la tirsan.

Iska illow jaahilka maangaabkaa
Wuxuu yiraahdaba isagaa ahee.
Webiga wayn ee Furaat
Waxba u dhimi mayso
Eey maalin ku dabaashay.

[Acrid canil-jaahilis-safiihi
Fakullu maa qaala fahwa fiihi.
Maa darra baxral-furaati yawman
In khaada bacdul-kilaabi fiihi]

Shuruudda Barashada Cilmiga

Gabaygan *"Shuruudda Barashada Cilmiga"*, wuxuu ka hadlayaa
waxyaalaha shardiga u ah barashada cilmiga. Caqli badni, rabitaan,
dadaal, sahay, macallin iyo waqti. Qofku haddii fahmadiisu fiican
tahay, ayna ka go'an tahay inuu waxbarto, haystana sahaydii iyo
dhaqaalihii uu ku noolaan lahaa iyo macallinkii waxbari lahaa, sidoo
kalena wuqti farabadan uu ku bixiyo waxbarashada, waxaa hubaal ah
inuu ka yool-gaarayo ujeedadiisa, Alle idankiis.

Walaalow
Lix arrimood
Ayaa cilmiga lagu gaaraa.
Kuu sheegay waxay yihiin
Caqli badni iyo go'aan
Dadaal iyo sahay
Macallin wax laga barto
Iyo waqti dheer

[Akhii lan tanaalal-cilma illaa bisittatin
Sa'unbiika can tafsiilihaa bibayaani.
Dakaa'un wa xirsun wajtihaadun wa bulqatun
Wa suxbatu ustaadin wa duulu zamaani]

Wa Caynur-Ridaa Can Kulli Caybin Kaliilatun

Gabaygan la magac baxay *"Wa Caynur-ridaa can Kulli Caybin Kaliilatun",* indho-kalgacayl qofkay kalgacalka u qabaan ceebtiisa ma arkaan, wuxuu tilmaamayaa dabeecadda bini'aadanka iyo sida kala duwan ee uu dadka u kala arko. Qofka qofkuu ku kalsoon yahay, iinahiisa iyo ceebaha uu leeyahay uma fiirsado. Qofkii colaadse ay ka dhaxayso waxaa u muuqanaya ceebihiisa. Qofku hadduuba cuqdad kaa qabo oo kaa didsan yahay, waaba la iska daayaa. Qof walba xaqiisa sii. Qofna ha ku gardarroon. Qofna ha isu dullayn. Shaafici wuxuu tilmaamayaa mararka qaarkood qofka inay dantu ku kallifayso inuu dadka qaar uusan jixin-jix u muujin.

Il-kalgacayl
Ceebuhu ka qarsoon
Ishii wax nacdaase
Xumi uun bay aragtaa.
Ka haybaysan maayo
Qofkaan iga haybaysan
Qof u oggolaan maayo
Wuxuusan ii oggolayn.
Haddaad ii soo dhawaatid
Kalgacalkaygu wuu kuu soo dhawaadaa
Haddaad iga fogaatid
Anoo kaa fogaaday baad arkaysaa.
Noloshaan, isuma baahnin
Markaan dhimannana
Isu baahnaan haba sheegin.

[Wa caynur-ridaa can kulli caybin kaliilatun
Walaakinna caynas-sukhdi tubdil-masaawiya.
Wa lastu bihayyaabin liman laa yahaabuni
Wa lastu araa lilmar'i maa laa yaraa liyaa.

Fa'in tadnu minnii tadnu minka mawaddatii
Wa'in tan'a cannii talqanii canka naa'iyaa
Kilaanaa qaniyyun can akhiihi xayaatahu
Wa naxnu idaa mitnaa ashaddu taqaaniyaa]

La Kala War La'

Gabaygan *"La kala war la'"*, wuxuu sawirayaa nolosha adduunka iyo
qofka inayan ahayn in lagu qiimeeyo nolosha fiican ee uu ku nool
yahay. Libaaxa oo boqorka habar dugaag ah gaajaa waxay ku dilaysaa
kaymaha dhexdooda. Eeyuhuna waxay ka dhergaan hilibka ari ee
dadku soo tuuraan.

Libaaxu
Duurkuu gaajo ugu le'daa
Eeyuhuna
Hilib-aray cunaan.

[Tamuutul-usdu fil-qaabaati juucan
Wa laxmud-da'ni ta'kuluhul-kilaabu]

MAXAA LAGA YIRI SHAAFICI

"Maantay wixii laga bilaabo waad fatwoon kartaa"

Az-Zinji,
Faqiihii Makkah

"Wiilyahow, arrinkaagu caadi ma ahan ee taqwada iyo xalaal-miirashada ku dadaal"

Imaam Maalik,
Xiddiggii Culumada

"Haddiiba ay dhacdo in Asxaabul-Xadiisku hadlaan, Shaafici baa afhayeenkooda noqon doona"

Muxammad ibn al-Xasan,
Caalimkii Fiqiga ahaana ardaygii
Imaam Abuu-Xaniifa

"Shaafici wuxuu la mid ahaa qorraxda iyo caafimaadka. Ma labadaas baa wax lagu bedeshaa jiraan"

Axmed ibn Xanbal,
Caalimka Xadiiska Ahna
Imaamka Ahlu-Sunna Wal-Jamaaca

"Asxaabul-Xadiisku way hurdeen, waxayna tooseen markii Shaafici hurdada ka kacshay"

Az-Zacfaraani,
Caalimkii Baqdaad

"Ma jirto axaadiis uusan Shaafici arag"

Ibn Khuzeyma,
Xaafidkii Axaadiista

"Qof kasta oo qalin wax ku qora Shaafici baa abaal ku leh"

Axmed ibn Xanbal,
Caalimka Xadiiska Ahna
Imaamka Ahlu-Sunna Wal-Jamaaca

"Waxaan u kuurgalay qoraallada ay qoreen aqoonyahannada hormuudka ka ah cilmiga, qofka keliya ee ugu qoraalka fiican wuxuu noqday ash-Shaafici. Waxaad moodaa in luul uu ka daadanayo carrabkiisa"

Al-Jaaxid,
Khabiirkii Luqada

"Sida Cumar ibn Cabdul-Caziiz uu u ahaa mujaddidkii qarnigii koowaad, Shaaficina waa mujaddidka qarniga labaad"

Axmed ibn Xanbal,
Caalimka Xadiiska Ahna
Imaamka Ahlu-Sunna Wal-Jamaaca

"Shaafici waxaa ammaan ugu filan inuuba Shaafici yahay"

Axmed Shaakir,
Caalimkii Xadiiska ee Reer Masar

"Haddiiba ay qof caalim ah u bannaan tahay inuu cid ku taqliido, Shaafici baa mudnaan lahaa in lagu taqliido"

Axmed Shaakir,
Caalimkii Xadiiska ee Reer Masar

"Haddii xadiis silsilad gaaban kugu dhaafo, waxaad ku heli kartaa silsilad dheer, hase yeeshee caqliga ninkaan dhallinyarada ah, ash-Shaafici, haddii uu ku gefo, saad u heshaa waa adag tahay"

Axmed ibn Xanbal,
Caalimka Xadiiska Ahna
Imaamka Ahlu-Sunna Wal-Jamaaca

"Xarigga hoggaanka u ah baqasha Shaafici saaran yahay inaad dhinaca kale ka soo qabsatid ayaa kuu anfac badnaan lahayd"

Axmed ibn Xanbal,
Caalimka Xadiiska Ahna
Imaamka Ahlu-Sunna Wal-Jamaaca

"Waxaa la yiraahdaa Muxammad ibn Idriis keligiis ayaa xujo ah marka xagga luqada la eego. Waxaa loo daliishadaa sida jilib dhan oo Carbeed loogu daliishado luqada"

Muusa ibn Abil-Jaaruud,
Abul-Waliid al-Makki,
Muftigii Makkah ahna Weriyaha
Shaafici ka weriyey Kitaabka 'al-Amaali'

"Waxaan gabayada reer Hudayl ku dul-akhriyey nin dhalinyara ah oo Quraysh ka mid ah oo aan ku arkay Makkah oo magaciisa la yiraahdo Muxammad ibn Idriis"

Al-Asmaci,
Khabiirkii Naxwaha Iyo Gabayada

"[Haddii aan nahay culumada naxwaha], Shaafici agteenna xujo ayuu ka yahay"

Al-Maazini,
Caalimkii Naxwaha iyo Luqada

"... Ka dib Shaafici wuxuu cilmiga ka qaatay Maalik, markaas ka dibna wuxuu soo-minguursaday kutubtii reer Ciraaq wuxuuna qaatay mad-habka Ahlul-Xadiiska, sidoo kale waxaa jirta inuu masaa'il doortay"

Ibn Taymiyya,
Shiikhii Aqoonta Badnaa

"Fuqahadu waxay ahaayeen dhakhaatiir, Muxaddisiintuna waxay ahaayeen daawa-sameeyayaal. Shaaficise wuxuu ahaa dhakhtar daawa-sameeye ah"

Axmed ibn Xanbal,
Caalimka Xadiiska Ahna
Imaamka Ahlu-Sunna Wal-Jamaaca

"Shaafici waa in luqada laga faa'iidaystaa"

Cabdil-Malik ibn Hishaam,
Qoraaga Siirada Nebiga (scw)
ahaana Khabiirka Naxwaha

LIFAAQYO

- ◆ Jadwalka isku beegidda sannadaha Hijriga iyo Miilaadiga

- ◆ Taxanaha Xilli-Nololeedka Afarta Imaam

- ◆ Faallo iyo Falanqayn

- ◆ Sayniska Muslimiinta iyo Yurub

- ◆ Difaaciddii Shaafici: al-Khadiib al-Baqdaadi iyo kitaabkiisii 'Mas'alatul-Ixtijaaj Bish-Shaafici'

JADWALKA ISKU BEEGIDDA
SANNADAHA HIJRIGA IYO MIILAADIGA

Jadwalkan hoose waxaa loogu talagalay qofkii u baahda inuu sannadaha ku xusan qoraalkan uu ogaado sannadaha Miilaadiga ah ee ku beegan. Sannadaha Hijriga iyo Miilaadiga isku waqti ma bilawdaan, sidaa darteed sannadka Hijriga bilo ka mid ah waxay ku beegmayaan sannad Miilaadi ah halka bilo kale oo ka mid ahna ay ku beegmayaan sannad kale oo Miilaadi ah. Sannadka Hijriga wuxuu ku beegmayaa laba sano oo sannadaha Miilaadiga ah. Sannadka Hijriga meesha uu uga beegmayo sannadka Miilaadiga ah waxay ku xiran tahay hadba bisha lagu jiro. Tusaale ahaan·

1da Muxarram ilaa iyo 6da Dul-Qacda 13 01/01/13 - 06/11/13	=	6da Maarso ilaa iyo 31ka Diseembar 634 06/03/634 - 31/12/634
7da Dul-Qacda ilaa iyo 30ka Dul-Xijja 13 07/11 /13 - 30/12/13	=	1da Janaayo ilaa iyo 23ka Febaraayo 635 01/01/635 - 23/02/635

Hijri	Miilaadi	Hijri	Miilaadi	Hijri	Miilaadi
13	634/635	179	795/796	219	834/835
80	699/700	180	796/797	240	854/855
93	711/712	181	797/798	241	855/856
94	712/713	182	798/799	335	946/947
135	752/753	184	800/801	345	956/957
145	762/763	195	810/811	365	975/976
149	766/767	198	813/814	384	994/995
150	767/768	199	814/815	450	1058/1059
164	780/781	203	818/819	458	1065/1066
170	786/787	204	819/820	749	1348/1349
175	791/792	218	833/834		

Shaafici wuxuu dhashay bartamihii qarnigii labaad ee Hijriga oo ku beegan nuska dambe ee qarniga siddeedaad ee taariikhda Miilaadiga. Wuxuuna dhintay bilawga qarnigii saddexaad ee Hijriga oo ku beegan nuska hore ee qarniga sagaalaad ee Miilaadiga. Ogsoonow, hadda waxaan ku jirnaa qarnigii 15aad ee Hijriga oo ku beegan kan kow iyo labaatanaad ee Miilaadiga. Taariikhda qoraalkan ka hadlayo waa kun iyo laba boqol iyo labaatan sano ka hor (laba iyo toban qarni iyo labaatan sano ka hor) - Farqiga u dhexeeya sannadka aan ku jirno iyo sannadkii Shaafici geeriyooday 1424 - 204 = 1220 sano. Waana marka aan ku salaynno Hijriga iskana illownno farqiga labada kaalandar, Hijriga iyo Miilaadiga, u dhaxeeya.

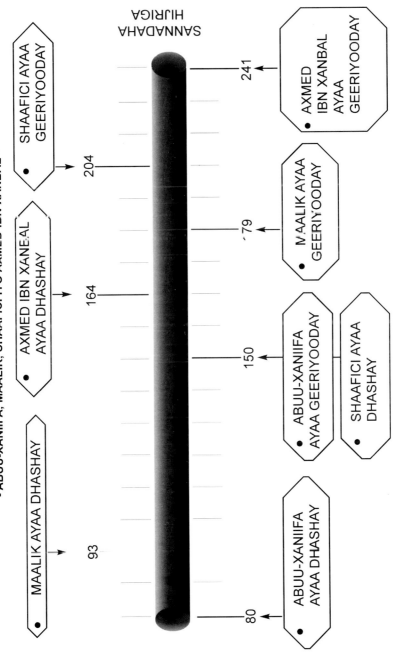

TAXANAHA XILLI-NOLOLEEDKA AFARTA IMAAM
- ABUU-XANIIFA, MAALIK, SHAAFICI IYO AXMED IBN XANBAL -

SANNADAHA
HIJRIGA

- SHAAFICI AYAA GEERIYOODAY → 204
- AXMED IBN XANBAL AYAA GEERIYOODAY → 241
- MAALIK AYAA GEERIYOODAY → 179
- AXMED IBN XANBAL AYAA DHASHAY → 164
- SHAAFICI AYAA DHASHAY
- ABUU-XANIIFA AYAA GEERIYOODAY → 150
- MAALIK AYAA DHASHAY → 93
- ABUU-XANIIFA AYAA DHASHAY → 80

FAALLO IYO FALANQAYN

♦ **Sannadkii Shaafici Dhashay:** Taariikhyannada Islaamka ee wax ka qoray Imaam Shaafici waxay isku waafaqsan yihiin in imaamku dhashay sannadkii 150aad. An-Nawawi wuxuu hordhaca kitaabkiisa al-Majmuuc Sharx al-Muhaddab ku yiri: *"Waxaa la isku waafaqsan yahay in Shaafici uu dhashay sannadkii 150 oo ah isla sannadkii Abuu-Xaniifa geeriyooday. Waxaa ayana jirta in la sheego in Abuu-Xaniifa uu dhintay isla maalintii Shaafici dhashay, hase ahaatee arrinta ku saabsan maalinta wax sugan ma aha".*

♦ **Meesha Shaafici Ku Dhashay:** Shaafici hooyadiis waxay ahayd haweenay reer Yeman ku abtirsata. Aagga ay ka degganaayeen magaalada Ghaza waxaa degganaa oo u badnaa beel asal ahaan ka soo jeedday Yeman. Taas ayaa keentay taariikhyahannada qaarkood inay yiraahdaan Shaafici wuxuu ku dhashay Yeman. Riwaayadaha noocaas ah ee oranaya Shaafici wuxuu ku dhashay *"Yeman"* taariikhyahannadu waxay ku fasireen in loola jeedo xaafadda beeshaa Yeman ay ka degganaayeen magaaladda Ghaza. Sidoo kale waxaa jira riwaayado kale oo tilmaamaya in Shaafici uu ku dhashay magaalada Casqalaan. Arrinkaasna culumadu waxay isku waafajiyeen in Ghaza iyo Casqalaan ay isku deegaan ku yaalleen. Ghaza waxay ahayd magaalo yar oo hoos timaadda Casqalaan oo markaas ahayd magaala-madaxda laga xukumo aaggaas. Haddaba ragga wax weriya ee sheegay in Shaafici Casqalaan ku dhashay, waxay ka hadlayaan gobolka. Kuwa kale ee sheegay inuu ku dhashay Ghaza waxay ka warramayaan magaalada dhabta ah ee uu ku dhex dhashay. Marka, Shaafici wuxuu ku dhashay magaalada Ghaza halkaasoo dad badan oo reer Yeman ah ay degganaayeen waxayna hoos imaanaysay oo laga xukumay Casqalaan.

♦   *Hooyada Shaafici:* An-Nawawi wuxuu ku sheegay hordhaca kitaabkiisa al-Majmuuc Sharx al-Muhaddab: *"Hooyadiisna waa reer Azdi [qabiil reer Yeman ah]".* Muxaqiqa kitaabta mawsuucada ah ee kutubta ash-Shaafici wuxuu soo xigtay in Ibn Xajar al-Casqalaani uu kitaabkiisa Tawaali at-Ta'siis ee uu uga hadlayo taariikhda Shaafici ku yiri: *"Hooyada Shaafici waxay ka mid ahayd qabiilka al-Azdi. Hadalka noocaas ahna waxaa loo tiiriyaa Shaafici qudhiisa. Ibn Cabdil-Xakam wuxuu sheegay in Shaafici uu yiri: Hooyaday waxay ahayd qabiilka al-Azdi. [Cabdil-Xakam wuxuu yiri Shaafici wuxuu] hooyadiis ku magacaabay Ummu-Xabiiba al-Azdiyya".* Kunyadaas Ummu-Xabiiba waa midda aan ku isticmaalay qoraalkan. Waxaa jira riwaayado kale oo tilmaamaya Shaafici hooyadiis in la yiraahdo Faadumo ayna abtirsiinyo wadaagaan Cali ibn Abii-Daalib (rc). Riwaayadaha noocaas ah culumada muxaqiqiinta ah ma ayan ictimaadin sidaa daraadeed waxaan isticmaalay riwaayadda kore ee naqligeeda Ibn Xajar laga soo xigtay.

♦   *Abtirsiinyaha Shaafici:* An-Nawawi wuxuu hordhaca kitaabkiisa al-Majmuuc Sharx al-Muhaddab ku taxay abtirsiinyaha Shaafici: *"Abuu-Cabdullaahi, Muxammad ibn Idriis ibn al-Cabbaas ibn Cuthmaan ibn Shaafic ibn as-Saa'ib ibn Cubayd ibn Cabdi-Yaziid ibn Haashim ibn al-Muddalib ibn Cabdi-Manaaf ibn Qussay, ahaana al-Qurashi al-Muddalibi ash-Shaafici. Degaan ahaanna ahaa al-Hijaazi al-Makki, waxay Nebiga (scw) isugu tagaan Cabdi-Manaaf. Kooxaha taariikhda soo minguuriya dhammaantood waxay isku waafaqsan yihiin in Shaafici yahay Quraysh kana sii yahay al-Muddalibi".*

♦ *Taariikhda Hijriga iyo Waxqabadkii Cumar ibn al-Khaddaab (rc):* Taariikhda Hijriga waxaa si rasmi ah u dhaqan-geliyey Cumar ibn al-Khaddaab (rc) oo ahaa khaliifkii labaad ee Muslimiinta. Cumar (rc) waxaa lagu bartay maamul wanaag. Wuxuuna sameeyay horumar badan oo la xiriira maamulka. Taariikhyahanka Islaamiga ah Ibn Sacad kitaabkiisa wayn ee taariikhda ah ee la yiraahdo ad-Dabaqaat al-Kubraa wuxuu si faahfaahsan uga sheekeeyey waxqabadkii Cumar (rc) uu u qabtay Ummada Muslimiinta. Warbixintaas Ibn Sacad haddii aan wax yar ka soo qaadanno annaga oo soo koobayna, waxay ahayd:

Cumar (rc) wuxuu ahaa qofkii u horreeyey ee:

❑ Taariikhda qoray. Arrintaas wuxuu ku dhaqaaqay sannadkii 16aad ee Hijriga. Wuxuu tirsiimada sannadka ka soo bilaabay Hijradii Nebiga (scw) uu ka soo hijrooday Makkah ee uu yimi Madiina.
❑ Habeenkii wareega asaga oo u kuurgalaya xaaladda raciyadda.
❑ Qaaddiyaal u magacaaba magaalooyinka.
❑ Sameeya diiwaannada.
❑ Diiwaangeliya dadka.
❑ Dadka kaalmo-dhaqaale u qoray (Welfare System).
❑ Raashin ku soo rara doonyo si uu dadka ugu qaybiyo.
❑ Aasaaska u dhiga magaalooyinka. Sida Kuufa, Basra, Fusdaad - oo uu aasaasay Camar (rc) oo ahaa barasaabkii Cumar (rc)) - magaalooyin ka tirsan Shaam iwm.

Cumar (rc) wuxuu:

- ❑ Qori jiray hantida shaqsiga ah ee qofka uu leeyahay ka hor inta uusan bilaabin shaqada dawladda. Arrintaas wuxuu ku samayn jiray qofkii uu u magacaabo inuu magaalo barasaab ka noqdo. Qofkaas marka ay shaqada u dhammaatana, wuxuu xisaabin jiray hantida uu markaas leeyahay, haddii ay u muuqato mid badanna, wuxuu qaarkeed ku soo celin jiray khasnadda dawladda.

- ❑ Aasaasay *"Daar ad-Daqiiq"* oo ah maqaasiin wayn oo raashinka lagu kaydiyo. Waxaana loogu talagalay in lagu kaalmeeyo qofka *"ibn sabiilka ah"* (musaafirka) iyo qofka dawladda martida u ah.

- ❑ Ka sameeyay marinka u dhaxeeya Makkah iyo Madiina xarumo lagu taakuleeyo dadka safarka ah ee sahaydu ay ka go'do.

- ❑ Waasiciyay Masaajidka Nebiga (scw) markii tirada dadka ku noolaa magaalada Madiina ay korortay.

- ❑ Ilma kasta oo dhasha u qoray kaalmo la siinayay isla marka uu dhasho [Child Welfare, Child Benefit]. Cumar (rc) nidaamkaas gadaal ayuu ka soo rogay, markii hore kaalmadaas waxaa la siin jiray ilmaha marka hooyadood nuujinta-naaska ay ka goyso. Waxaa markaas dhacday in haweenka qaarkood oo raba inay kaalmadaas dhaqso helaan ay carruurtoodii ka joojiyeen nuujinta-naaska iyagoo weli yar. Cumar (rc) markii uu arrintaas ogaaday wuu bedalay habkii kaalmadaas lagu qaadan jiray. Meeshii ay ka ahayd in kaalmadaas ilmaha la siiyo marka naaska-hooyadood laga gooyo, waxaa loo badalay in kaalmadaas isla marka ilmuhu dhasho horay laga siiyo si ilmaha aan looga goyn caanaha-naaska.

◆ ***Sanad iyo Matni:*** Ereyga *sanad* waxaa loola jeedaa silsiladda xadiiska, ereyga kale ee matni isna waxaa loola jeedaa hadalka ama oraahda la weriyey. Si labadaas erey macnahooda ay akhristaha ugu caddaadaan, waxaan tusaale u soo qaadanayaa xadiiska ugu horreeya ee Bukhaari uu ku weriyey kitaabkiisa Saxiixa ah waana xadiiska niyada oo ah xadiis caan ah. Al-Bukhaari wuxuu yiri: XADDATHANAA al-Xumaydi, Cabdullaahu ibn az-Zubayr oo yiri XADDATHANAA Sufyaan oo yiri XADDATHANAA Yaxya ibn Saciid al-Ansaari oo yiri AKHBARANII Muxammad ibn Ibraahiim at-Taymi oo sheegay inuu MAQLAY Calqama ibn Waqqaas al-Laythi oo leh WAXAAN MAQLAY [SAMICTU] Cumar ibn al-Khaddaab (rc) oo korsan minbarka oo oranaya WAXAAN MAQLAY [SAMICTU] Rasuulka Allaah (scw) oo oranaya:

"Acmaashu waa niyada. Qof kastana wuxuu leeyahay waxa uu niyaysto. Qofkii sababtuu u soo haajiray ay tahay in adduunyo uu helo ama haweenay uu guursado, hijradiisu waa wixii uu u haajiray."

SANADKA AMA SILSILADDA XADIISKA

Al-Bukhaari (Soo Saaraha Xadiiska)	
Al-Xumaydi, Cabdullaahi ibn az-Zubayr	(1)
Sufyaan	(2)
Yaxya ibn Saciid al-Ansaari	(3)
Muxammad ibn Ibraahiim at-Taymi	(4)
Calqama ibn Waqqaas al-Laythi	(5)
Cumar ibn al-Khaddaab (rc)	(6)
Rasuulka Allaah (scw)	(Hadalkiisa ayaa la werinayaa)

FALANQAYNTA SANADKA

Al-Bukhaari: Xadiiskaas waxaa weriyey oo diiwaangeliyay al-Bukhaari. Sidaa daraadeed, haddii aad soo qaadatid kitaabka loo yaqaan Saxiix al-Bukhaari, xadiiskaas waad ka dhex heli kartaa. Bukhaari wuxuu xadiiskaas ku weriyey baabka ugu horreeya ee kitaabkiisa. Sidaa daraadeed xadiisku waa xadiiska ugu horreeya ee kitaabkaas ku qoran. Kitaabka Bukhaari uu weriyay waa kitaab caan ah. Bukhaarina waa shaqsi caan ah oo lagu bartay dadaal dheeraad ah iyo caddaalad.

Al-Xumaydi, Cabdullaahi ibn az-Zubayr (1): Al-Xumaydi waa qofka koowaad ee silsiladda ama *sanadka* xadiiska ku jira. Waa ninka uu Bukhaari ka weriyey xadiiskan. Ibn Xajar al-Casqalaani oo ah shiikha sharxay Saxiixul-Bukhaariga asaga oo ka hadlaya *sanadkan* wuxuu yiri: "... *al-Xumaydi waa ... Cabdullaahi ibn az-Zubayr ibn Ciisa, waxaa loo nisbeeyaa reer Xumayd ibn Usaama oo ah jilib ka tirsan reer Banuu-Asad ibn Cabdul-Cuzza ibn Qussay, oo ah tolkii Khadiija, xaaskii Nebiga (scw). [Al-Xumaydi] waxay Khadiija ku kulmaan odayga la yiraahdo Asad, Nebigana (scw) waxay ku kulmaan odayga la yiraahdo Qussay. [Al-Xumaydi] waa imaam wayn kutubna qoray. Asaga iyo Shaafici waxay cilmiga ka wada qaateen [Sufyaan] ibn Cuyayna iyo raggii ay isku dabaqadda ahaayeen. [Al-Xumaydi] wuxuu fiqiga ka qaatay Shaafici isla markaasna wuxuu u raacay Masar. Ka dib markii Shaafici geeriyooday, wuxuu ku soo laabtay Makkah, meeshaasoo uu joogay ilaa uu ka geeriyooday sannadkii 219."* Haddaba, al-Xumaydi waa caalim wayn, oo lagu kalsoon yahay, taariikhdiisana la yaqaan. Raggii al-Xumaydi wax ka qaatay waxaa ka mid ah al-Bukhaari. Al-Xumaydi waa taan soo xusnay markii aan ka sheekeynaynayn taariikh-nololeedkii Shaafici, gaar ahaan safarkii Masar.

Sufyaan (2): Sufyaan waa qofka labaad ee ku jira silsiladda xadiiska. Waa ninka al-Xumaydi uu ka werinayo xadiiska. Waxaan u baahannahay inaan ogaanno taariikhda Sufyaan iyo inuu yahay qof lagu kalsoon yahay iyo weliba in al-Xumaydi uu ka mid ahaa ardayda Sufyaan xadiiska ka qaadatay. Ibn Xajar oo ka hadlaya Sufyaan wuxuu yiri: *"Sufyaan waa ibn Cuyayna ibn Abii-Cimraan, reer Hilaal ahaa, kunyadiisu Abuu-Muxammad ayay ahayd, wuxuuna ahaa reer Makkah, markii horase wuxuu ka yimi oo uu ku dhashay magaalada Kuufa. Asaga iyo Imaam Maalik waxay cilmiga ka wada qaateen shuyuukh farabadan. Sufyaan labaatan sano ayuu nolosha uga dambeeyay Maalik. Waxaa laga hayaa inuu sheegay in todobaatan taabici [ardaydii saxaabada] uu wax ka maqlay."* Haddaba Sufyaan, taariikhdhiisa waa mid sugan oo la yaqaan. Waa caalim wayn oo lagu kalsoon yahay. Al-Xumaydi way sugan tahay inuu cilmiga ka qaatay oo uu arday u ahaa Sufyaan. Ibn Xajar oo arrintaas ka hadlaya wuxuu yiri: *"Asaga [al-Xumaydi] iyo Shaafici waxay cilmiga ka wada qaateen [Sufyaan] ibn Cuyayna iyo raggii ay isku dabaqadda ahaayeen."* Sufyaan wuxuu axaadiista ka weriyey rag uu ku jiro Yaxya ibn Saciid al-Ansaari. Sufyaan ibn Cuyayna asna wuu ku xusan yahay qoraalkan.

Yaxya ibn Saciid al-Ansaari (3): Waa qofka saddexaad ee silsiladda ku jira. Saciid wuxuu ka mid ahaa kuwii ugu da'da yaraa taabiciinta. Ibn Xajar wuxuu yiri: *"Yaxya ibn Saciid al-Ansaari, magaca awoowgiis waa Qays ibn Camar wuxuuna ahaa saxaabi. Yahya wuxuu ka mid yahay siqaar at-taabiciin."* Yaxya waa caalim caan ah oo la yaqaan oo lagu kalsoon yahay riwaayadaha uu weriyo.

Muxammad ibn Ibraahiim at-Taymi (4): Waa qofka afaraad ee *sanadka* xadiiska ku jira. Ibn Xajar oo ka hadlaya shiikhan wuxuu yiri: *"Yaxya ibn Saciid shiikhiisa waa Muxammad ibn Ibraahiim ibn al-Xaarith ibn Khaalid at-Taymi oo ka mid ahaa dabaqaddii dhexe ee taabiciinta."* Shiikhan asagana waa taabici, taariikhdiisana waa la yaqaan, waana lagu kalsoon yahay. Sidoo kale inuu shiikh u ahaa Yaxyaha xadiiskan ka werinaya waa arrin sugan.

Calqama ibn Waqqaas al-Laythi (5): Qofka shanaad ee silsiladda ku jira waa Calqama. Calqama wuxuu ahaa nin taabici ah oo soo gaaray saxaabada weliba kuwoodii waawaynaa ee goorta hore geeriyooday sida Cumar ibn al-Khaddaab (rc). Sidaa daraadeed wuxuu ka mid yahay kibaar at-taabiciin. Calqama saxaabada uu xadiiska ka qaatay waxaa ka mid ahaa Cumar ibn al-Khaddaab (rc) oo ah saxaabiga uu xadiiskan ka maqlay. Calqama ardaydii xadiiska ka qaadatay waxaa ka mid ahaa Muxammad ibn Ibraahim at-Taymi oo ah shiikha xadiiskan ka weriyay. Ibn Xajar oo arrintaas tilmaamaya wuxuu yiri: *"Muxammad [ibn Ibraahiim at-Taymi] shiikhiisa waa Calqama ibn Waqqaas al-laythi oo ka mid ahaa kibaar at-taabiciin."*

Cumar ibn al-Khaddaab (rc): Waa saxaabiga xadiiska ka maqlay Nebiga (scw). Maalin asaga oo saaran minbarka oo khudbo akhrinaya ayuu sheegay in xadiiskaas uu Nebiga (scw) ka maqlay. Raggii khudbadaas dhageysanayay waxaa ka mid ahaa Calqama oo ah ninka xadiiskan Cumar ka weriyey. Cumar ibn al-Khaddaab (rc) waa saxaabi, dhammaan saxaabadana waa lagu wada kalsoon yahay.

Xadiisku waa saxiix maxaa yeelay wuxuu ku qoran yahay Saxiixul-Bukhaari oo ah kitaab axaadiista ku taal oo dhan ay saxiix yihiin. Si xadiiska loo ogaado inuu saxiix yahay iyo in kale, waxaa lagama maarmaan ah in la isticmaalo Cilmiga Xadiiska. Culumada ku takhasustay cilmiga noocaas ah ee qaabilsan werinta iyo kala shaandaynta axaadiista waxaa la yiraahdaa Muxaddisiin. Si ay u hubsadaan in silsiladda xadiiska ay sax tahay, culumadaas waxay isticmaalaan mawaadiic kala duwan oo soo hoos galaya Cilmiga Xadiiska, isla markaasna noqon kara amaba ah cilmiyo kala duwan oo mid walba goonni u taagan. Tusaale ahaan, waxay adeegsadaan cilmur-rijaal oo ka hadla taariikhda ragga weriya axaadiista, macalimiintii wax soo bartay iyo ardaydii wax ka werisay; al-jarx wat-tacdiil oo ka hadla xaaladda ragga weriya axaadiista in ay yihiin rag lagu kalsoon yahay oo lagu aamini karo werinta axaadiista iyo in kale; al-cilal oo ah cilmi lagu daraaseeyo khaladaadka aan muuqan ee silsiladda xadiiska ama matnigiisa ku jiri kara. *Sanadka* ama isticmaalka silsiladda wax-lagu-weriyo waa arrin u gaara Muslimiinta. Waxa ayna muujinaysaa aqoonta iyo caqliga wanaagsan ee Allaah (SWT) ku mannaystay culumada Muslimiinta, taasoo sabab u noqotay xafidaadda diinta.

MATNIGA XADIISKA

Marka silsiladda xadiiska laga soo gudbo, hadallada Nebiga (scw) ee silsiladdaas lagu weriyo waxaa la yiraahdaa Matni. Tusaale ahaan silsiladda aan kor ku soo sharaxnay, matnigeedu waa:

"Acmaashu waa niyada. Qof kastana wuxuu leeyahay waxa uu niyaysto. Qofkii sababtuu u soo haajiray ay tahay in adduunyo uu helo ama haweenay uu guursado, hijradiisu waa wixii uu u haajiray."

Marka la soo gaaro matniga, oo la xaqiiqsado xadiisku inuu saxiix yahay oo la daliishan karo, waxaa bilaabanaya hawlgal cusub oo ah fahmidda iyo axkaam ka soo dhiraandhirinta xadiiska. Si arrintaas loo fuliyo, waxaa loo baahan yahay in la isticmaalo cilmiga Usuulul-Fiqiga la yiraahdo. Muhimmadaasna waxaa u hawlgala usuuliyyiinta iyo fuquhada.

SAYNISKA MUSLIMIINTA IYO YURUB
- FUFKII MUSLIMIINTA SAAMAYNTA UU KU
LAHAA FUFKII YURUB -

Xilliga Shaafici uu noolaa wuxuu ahaa waqti saamayn gaara ku lahaa
fufkii Muslimiinta ee xagga cilmiga sayniska. Khilaafadii caanka
ahayd ee Haaruun ar-Rashiid xilligan ayay jirtay, xasilloonida jirtayna
waxay sabab u noqotay horumar in laga gaaro cilmiga adduunka.
Waqtigan Spain waxaa ka talinayay Muslimiinta. Ragga turan doona
Sijiilya (Sicily) iyo raggii xisaabta iyo kimistariga hormuudka u
noqday ayaguna xilligan ayay noolaayeen. Qoraalkan bilawgiisa
waxaan ku soo sheegnay in Haaruun ar-Rashiid uu hadiyad ay ka mid
tahay 'saacad' u diray Charlemagne, boqorkii qabaa'ilka Faranjiga.
Bal aan fiirinno goob-interneetka la magac-baxday,

http://www.antique-horology.org/_Editorial/Watchesbymachinery/watchesbymachinery.htm

waxa uu ka yiri saacaddaas:

"In time machinery was inserted to tell not only the hours of the day,
but the age of the moon, and the motions of other heavenly bodies;
and finally the clepsydra grew into an ingenious and complicated
waterclock, A thousand years ago a Persian caliph, the Haroun-al-
Raschid of the Arabian Nights, sent one to the Emperor Charlemagne
which had a striking apparatus. When the twelve hours were
completed twelve doors opened in its face; and from each rode an
automaton horseman, who waited till the striking was over, and then
rode back again, closing the door after him." [La soo xigtay
17/Shawaal/1424 oo waafaqsan 11/12/2003 saacadda 06:20 fiidnimo]

"Ugu dambeyntii makiinad ayaa lagu dhexdhisay si ay u sheegto saacadda la joogo iyo weliba cimriga dayaxa, iyo socoshada walxaha-jurmiga leh ee cirka; ugu dambaynna saacaddaas biyaha ku shaqaysa ee qadiimka ah waxay noqotay saacad-biyo-ku-shaqaysa oo u hawlgasha hab xariifnimo ah oo fahmideedu adag tahay. Kun sanadood ka hor, khaliif Beershiya ka taliynayay, Haaruun ar-Rashiidkii ku xusnaa sheekooyinkii Alif-Layla-Wa-Layla [Kun-iyo-Kow-Habeen], ayaa mid saacadahaas ka mid ah u soo diray Imbaraadoorkii Shaalemayn. Saacaddaas waxay lahayd qalab dhawaaqa. Marka laba-iyo-tobanka saacadood ay buuxsanto laba-iyo-toban albaab oo ku yaal saacadda xaggeeda hore ayaa furmayay; albaab walbana waxaa ka soo baxayay nin-boombale ah oo faras fuushan, inta dhawaaqu ka istaagayo ayuu sugayay, dabadeedna gadaal ayuu u noqonayey asaga oo albaabka sii xiraya."

Intaas ka dib, waxaan halkan ku soo bandhigaynaa qorayaasha reer galbeedka qaar ka mid ah oo wax ka tilmaamaya raadkii Muslimiintu ee Yurub. Hadallada ku dhex jira baraakatka leh qaabkan [ ] waa sharax dheeraad ah oo qoraalka la soo xigtay aan ka mid ahayn. Ninka la yiraahdo Norman Davies ee qoray "Europe: A History" (Taariikhda Yurub), wuxuu buuggiisa uga warramay taariikhdii Yurub iyo sida ay ku aasaasantay. Qaybaha ugu horreeya ee buuggiisa wuxuu ku caddeeyay in wax Yurub la yiraahdo ayan markii hore jirin. Magaca noocaas ah iyo is-bahaysiga uu matalaayana wuxuu sheegay inuu gadaal ka yimi. Wuxuu meel dhexe ee buuggiisa ka mid ah ku qoray cinwaan uu u baxshay "Birth of Europe" (Dhalashadii Yurub). Arrimaha uu ku lafaguray meeshan waxaa ka mid ahaa xaqiiqada ah in Islaamka la'aantiis wax la yiraahdo Yurub ayan samaysanteen. Asaga oo soo xiganaya qoraaga Henri Pirenne, hadallada uu yiri waxaa ka mid ahaa:

"According to Henri Pirenne ... the Frankish Empire would probably never have existed without Islam and Charlemagne without Mohamet [Nebi Muxammad (scw)] would be inconceivable."

"Marka la eego qoraalka Henri Pirenne ... Imbaraadooriyaddii qabaa'ilka Faranjiga ahaa waxay u badan tahay inayan jirteen Islaamka la'aantiis, jiritaanka ninka la yiraahdo Charlemagne (Shaar-le-mayn) asaguna wax la malaysan karo ma ahayn Muxammad [scw] la'aantiis."

Sida uu Norman soo xigtay, Henri wuxuu qoraalkiisa si saraaxo leh ugu caddeeyey in Islaamka la'aantiis aan la maqleen imbaraadooriyaddii Yurub aasaaska u ahayd ee ka koobnayd qabaa'ilkii Faranjiga la oran jiray iyo odaygii u talin jiray Charlemagne oo ah ninkii Haaruun ar-Rashiid uu u diray hadiyaddii saacadda ahayd ee aan soo xusnay.

Norman Davies hadalkaas Henri uu ka soo xigtay wuxuu raaciyay hadal intaas ka sii xeel dheer wuxuuna yiri:

"To talk Muhammad [scw] and Charlemagne is not, however, enough. Islam affected Eastern Europe even more directly than it affected Western Europe."

"In laga hadlo Muxammad [scw] iyo Charlemagne oo keliya, arrintu si kastaba ha ahaatee, ma ahan arrin sawir buuxa na siin karta. Maxaa yeelay Islaamku wuxuu kaloo saamayn ku lahaa Yurubta Bari, saamayntaasoo ahayd mid ka xeel dheer midda uu ku lahaa Yurubta Galbeed."

Norman wuxuu rabaa inuu muujiyo ka hadlidda Charlemagne oo keliya inay keenayso in Yurubta Bari oo qayb wayn ka ah qaaradda la iska indha tiro. Maxaa yeelay taariikhda Charlemagne iyo Faranjigu waxay la xiriirtaa samaysankii Yurubta Galbeed oo keliya. Haddaba haddii aan ka hadallo Yurubta Bari, oo ayadana Islaamku saamayn wayn ku lahaa, waxaa muuqanaysa in Islaamka la'aantiis Yurub wax la yiraahdaa ayan jirteen.

Norman asaga oo hadalkiisa sii wata waxa uu yiri:

"Above all, it created the cultural bulwark against which European identity could be defined. Europe, let alone Charlemagne, is inconceivable without Muhammad [scw]."

"Islaamku wuxuu sameeyay aasaaska dhaqan ee aqoonsiga-Yurubnimadu ku salaysan tahay. Charlemagne iskaba daaye, wax la malaysan karo ma ahan jiritaanka Yurub Muxammad [scw] la'aantiis."

Norman, asagoo tilmaamaya in Muslimiintu gaareen Buwatiye (Poitiers) macnaheeduna yahay inay ilaa xad u dhowaadeen Paris caasimadda Faransiiska ee maantay, wuxuu meel kalena ku yiri:

"The Battle of Poitiers in 732 may well have been exaggerated by Christian apologists: The Arabs may have been obliged to retreat through over-extended lines of communication. They were, after all, more than 1,000 miles out from Gibraltar."

"Dagaalkii ka dhacay Poitiers (Bu-wa-ti-ye) sannadkii 732 waxaa laga yaabaa in qorayaasha Kiristaanka ah ee cudurdaarku ka muuqdo ay buun-buuniyaan. Carabtu [Muslimiintu] waxaa laga yaabaa inay ku qasbanaayeen inay dib-u-gurasho sameeyaan maadaama ay aad u soo fogaadeen oo ay ku adkaatay isgaarsiinta. Maxaa yeelay waxay Jibraltara ka soo fogaadeen 1,000 mayl."

Markuu intaas sheegay, wuxuu isla markiiba raaciyay oraahdan:

"But it inspired some magnificent passages:

The repetition of an equal space would have carried the Saracens to the confines of Poland and the highlands of Scotland; the Rhine is not more impassable than the Nile or the Euphrates, and the Arabian fleet might have sailed without a naval combat into the mouth of the Thames. Perhaps the interpretation of the Koran would now be taught in the schools of Oxford, and her pulpits might demonstrate to a circumcised people the sanctity and truth of the revelation of Mohammed [scw]."

"Arrinkaas hase yeeshee wuxuu sabab u noqday in laga qoro hadallo waaweyn:

Haddii nimanka ka yimi bariga (Saraasinis) ay sii socon lahaayeen waxay gaari lahaayeen dhulka Poland iyo dhulka sare ee Scotland; maridda webiga Raayn (Rhine) kama adka Niil ama Furaat, raxanta maraakiibta Carbeed [Muslimiinta] waxaa u suurtagali kartay inay ayaga oo ayan dagaal badda ah gelin gaaraan afka webiga Thaymis (Thames). Waxaa dhici lahayd tafsiirka Qur'aanka In hadda laga dhigi lahaa iskuullada Oxford, minbarkeedanu luga soo jeedin lahaa khudbooyin u sharxaya dad gudan muqadasnimada iyo saxsanaanta diintii Muxammad [scw] lagu soo dejiyey."

Ictiraafkaas Norman uu la yimi marka lagu daro xaqiiqada ah in dadkii degganaa waqooyiga Yurub ay ardaydooda u soo dirsan jireen degaanka Muslimiinta ee Spain si ay wax u soo bartaan - sababtuna ay ahayd dadkaas oo aaminsanaa in habka keliya ay horumar ku gaari kareen ay ahayd inay ka shidaal-qaataan iftiinka iyo aqoonta ka jirtay dhulka Muslimiinta - waxaa muuqanaysa jiritaanka aqooneed ee Yurubta maantay inuu ka yimi aqoontii ay ka faa'iidaysteen Muslimiinta.
Waxaan intaas raacinaynaa laba qoraa oo midna ka hadlay taariikhda Talyaaniga, kan kalena cilmigii sayniska ahaa ee Muslimiinta laga dhaxlay.

Qoraaga koowaad Jonathan Keates wuxuu ku yiri buuggiisa The Rough Guide History of Italy (Hagaha Kooban ee Taariikhda Talyaaniga):

"In 827, meanwhile, the Byzantine domains in the Italian south were invaded by Muslim armies from North Africa. While the Islamic influence on Sicily is well documented, the Arabic-speaking communities that became established in Apulia, Calabria and Basilicata - which left fewer written records and are consequently less well known - constituted an equally powerful element in the cultural make-up of these regions. Raids by these "'Saracens' penetrated as far as Rome and the coast of Tuscany, and traces of Islamic settlements can be found as far as Italy's Alpine border with France."

"Sannadkii 827 meelihii imbaraadooriyaddii Biisentaaynku ay ka joogeen koonfurta Talyaaniga waxaa qabsaday ciidamo Muslimiin ah oo ka yimi Waqooyiga Afrika. Inkastoo saamaynta Islaamku uu ku lahaa Sijiilyo ay tahay mid qoran, haddana beelaha Carabiga ku hadli jiray ee degganaa Apulia, Calabria iyo Basilicta - kuwaasoo aan laga hayn qoraallo badan si fiicanna aan loo aqoon - waxay ayaguna qayb weyn ka yihiin dhaqamada gobolladaas. Duullaanada ay soo qaadeen dadkan bariga ka yimi 'Saraasinis' waxay gudaha u galeen dhulka Talyaaniga waxayna gaareen Rome (Rooma) iyo Tuscany (Tuskoni). Raadad tilmaayaya in Muslimiin ay meeshaas degganaayeen ayaa lagu arki karaa tan iyo xuduudda Alpine-ka ee Talyaanigu uu la leeyahay Faransiiska."

Meel kale oo buuggiisa ka mid ah oo uu cinwaan uga dhigay "The Muslims in southern Italy" (Muslimiintii koonfurta Talyaaniga) wuxuu ku yiri:

"During the 9th century, Muslim forces began to carry out raids on southern Italy from the ports in Sicily, Morocco and Tunisia. In early attacks on Brindisi and Taranto, they succeed in destroying the former and occupying the latter ... Bari was seized in 841 and remained under the rule of Moroccan emirs for thirty years. Rome was attacked in 846..."

"Muslim civilization nevertheless left an enduring mark on southern Italy, and can still be traced in certain fundamental features. One is the widespread cultivation of citrus fruits ..."

"The most conspicuous is the distinctive layout of the old quarters of many towns, ... of houses all with flat roofs, white walls and courtyards..."

"Xilligii lagu jiray qarnigii 9aad ciidamada Muslimiintu waxay bilaabeen inay duullaamo ku qaadaan koonfurta Talyaaniga ayaga oo adeegsanaya dekadaha Sijiilya, Morooko iyo Tuuniisiya. Duullaanadii ugu horeeyey oo ay ku qaadeen Birindisi iyo Taranto waxay ku guulaysteen inay burburiyaan tan hore tan dambana ay qabsadaan ... Bari ayadu waxaa la qabsaday sannadkii 841, waxaana ka talinayay amiirro Marookaan ah muddo dhan sodon sano. Roomana waxaa la soo weeraray sannadkii 846 ..."

"Ilbaxnimadii Muslimiinta, arrintu si kastaba ha ahaatee, waxay astaan waarta uga tagtay koonfurta Talyaaniga, waxaana raadkeeda uu ka muuqdaa dhinacyo gaara oo aasaasi ah. Sida beerashada miraha "citrus fruits ..."

"Meesha ugu daran waxaa weeye qaab-dhismeedka gaar ahaaneed ee xaafadaha qadiimka ah ee magaalooyin farabadan laga heli karo oo ay ku yaallaan ... guryo dhammaan leh saqafyo fidsan, darbiyo cad cad iyo meel dayr ah ..."

Cinwaan kale wuxuu ahaa "Sicily under Roger II" (Sijiilyo xilligii uu xukumay Roojerkii Labaad". Wuxuu meeshaanna ku yiri:

"The king's own background was that of a Norman French warrior clan, but one whose perspectives had been significantly widened by contact with the flourishing Muslim cities he and his army overcame during their invasion of the island. Medieval Islamic society was an inclusive one, lacking the bigotry and dogmatism that limited the

Christian world at the same period. Under this influence, Roger's Catholic court absorbed and reflected aspects of all the various religions and lifestyles which had mingled freely in Palermo before Sicily's Norman conquest ... the royal robes would be bordered with inscriptions in Kufic, the Muslim script ... From their Islamic predecessors the Norman rulers of Sicily also inherited a well-trained civil service, those officials continued to write in Arabic under their new masters."

"Boqorku wuxuu ka soo jeedaa qabiil dagaalyahan ah oo ku abtirsada Noormaanka Faransiiska, hase yeeshee boqorkaas waxaa aragtidiisa mid ballaaran ka dhigtay xiriirka uu la yeeshay magaalooyinka Muslimiinta ee ifayay, kuwaasoo asaga iyo ciidamadiisu ay yimaadeen markii ay qabsanayeen jasiiradda. Bulshada Islaamiga ah ee xilligaas dhexe noolayd waxay ahayd mid dadka wax u ogol, ma ayan aqoon dulqaad la'aanta iyo qallafsanaanta haysatay dunida Kiristaanka xilligaas. Xaaladaha noocaas ah dartood, maamulkii Kaatooligga ahaa ee Roojer wuxuu qaatay kana fekeray dhinacyada kala duwan ee dhammaan diimaha kala duwan iyo hab-nololeedyadii sida xorta ah uga jiray Palermo ka hor inta Noormaanku ayan qabsan Sijiilyo ... dharka ay xirtaan reer boqorku waxaa dacallada uga xardhanaa qoraallo ku qoran farta Kuufa, oo ah hab-qoraaleed Muslimiintu lahaayeen ... Sidoo kale madaxdii Noormaanka ahaa waxay ka dhaxleen Muslimiintii ka horraysay shaqaale dawladeed oo si fiican u tababaran, saraakiisha noocaas ah waxay sii wateen shaqadoodii ayaga oo luqada Carabiga wax ku qoraya lana shaqaynaya maamulka cusub."

Asaga oo ka hadlaya Ferediriggii Labaad - Frederick II (1194-1250) - wuxuu yiri:

"He was fluent in Arabic, and while in Jerusalem [Qudus] had successfully negotiated with the Sultan of Egypt to ensure safeguards for Christian travelers in Muslim lands. Frederick's prodigious energies, talents and wide-ranging interests, combined with his eclectic lifestyle in which he urbanely mixed elements from both Christian and Muslim cultures, ensured him the envy and loathing of successive popes, who condemned him as a heretic and exploited every opportunity to undermine his authority."

"Wuxuu si fasaaxo leh u yaqaannay luqada Carabiga, markii uu joogay Qudusna wuxuu ku guulaystay waanwaantii uu la galay Sultaankii Masar oo ku saabsanayd badbaadinta dadka Kiristaanka ah ee ku safrayay dhulka Muslimiinta. Awoodda aan caadiga ahayn, xirfadda iyo waxyaalaha kala duwan ee uu danaynayay, marka loo geeyo hab-nololeedkiisii qaarba meel laga soo qaatay ee uu u isticmaalay inuu si reer magaalnimo ah isugu dhafo qaybo ka mid ah dhaqamada Kiristaanka iyo kuwa Muslimiinta, arrintaasina waxay u keentay in wadaadadii diinta Kiristaanka ee isku xigay ay xasdaan oo ay nacaan. Waxayna ku tilmaameen inuu yahay nin bidci ah oo ka weecday diintii, isla markaasna fursad walba oo soo marta oo ay ku daciifin karaan awooddiisa way ka faa'iidaysteen."

Qoraaga labaad ee aan soo qaadanayno waa ninka qoray buugga la yiraahdo "Islamic Science and Engineering" (Sayniska iyo Cilmiga Injineernimada ee laga soo gaaray Islaamka), oo mugaciisa la yiraahdo Donald R. Hill. Wuxuu buuggiisa ku yiri:

"The oldest Arabic work on Algebra was composed by Muhammad b. Musa al-Khuwarazmi. The work is entitled Kitab al-mukhtasir fi hisab al-jabr wa'l-muqabala (The Book of summary concerning calculating by transposition and reduction). The last two words cannot be accurately translated, but their meaning is clear enough. They concern the auxiliary processes by which problems are reduced to six basic equations:

1. $ax^2 = bx$
2. $ax^2 = c$
3. $ax = c$
4. $ax^2 + bx = c$
5. $ax^2 + c = bx$
6. $bx + c = ax^2$

The definitions of the technical terms jabr and muqabala differ very slightly from one writer to another. In general, the first word meant the transposition of terms in order to make them all positive.

Thus, $6x^2 - 36x + 60 = 2x^2 - 12$

is transformed by jabr into

$6x^2 + 60 + 12 = 2x^2 + 36x$

By muqabala is meant the reduction of similar terms. The equation

$4x^2 + 72 = 36x$

is simplified by dividing throughout by 4, giving

$x^2 + 18 = 9x$ ......

Our system with the letters of the alphabet was not used by the Muslims. Instead, expressions used reflect the origins of algebra in commerce and in dealing with complex equations of inheritance. The word mal, literally 'capital', was originally used for the unkown quantity in linear equations but later came to mean the square as opposed to the root - jidhr. The word shay, literally 'thing', was applied to the quantity sought, the unknown. In al-Khuwarazmi's algebra, developed for the six canonical equations given above, mal is represented by the area of a square, the jidhr by the area of a rectangle..."

Qoraalka af Carabiga ku qoran ee ugu da'da wayn ee ka hadlayey Aljebrada waxaa qoray Muxammad ibn Musa al-Khuwarazmi. Qoraalkaas wuxuu cinwaankiisu ahaa al-mukhtasir fi xisaab aljabr wal-muqaabala (Buuga soo koobaya xisaabta ayada oo la adeegsanayo is-dhaafin iyo dhimis). Labada eray ee ugu dambaysa si saxa looma tarjumi karo, hase yeeshee macnahoodu waa cad yahay. Waxay ku saabsan yihiin wadiiqada kaabida taasoo loo adeegsado mas'alooyinka xisaabta in la waafaqjiyo lix isle'eg oo aasaasi ah, oo kala ah:

1. $ax^2 = bx$
2. $ax^2 = c$
3. $ax = c$
4. $ax^2 + bx = c$
5. $ax^2 + c = bx$
6. $bx + c = ax^2$

"Qeexidda eraybixinnada jabr iyo muqabala ee qorayaashu wax yar ayay kala duwan yihiin. Guud ahaanse, erayga koowaad macnihiisu waa dib-u-habaynta tibaaxaha xisaabeed si looga dhigo kuwa taban, (kuwa balaas ah).

Marka, isle'egta ah:

$$6x^2 - 36x + 60 = 2x^2 - 12$$

Haddii la isticmaalo nidaamka jabr waxaa laga dhigi karaa

$$6x^2 + 60 + 12 = 2x^2 + 36x$$

Dhinaca kale, muqabala waxaa loola jeedaa dhimista ama taraynta tibaaxyada isku nooca ah.

Isle'egta

$$4x^2 + 72 = 36x$$

Waa la fududayn karaa haddii tirada 4 loo qaybiyo dhinac kasta oo isle'egta ka mid ah, markaasna waxay noqonaysaa sidan:

$$x^2 + 18 = 9x$$

…

Sidase aan horay u soo sheegnay, nidaamka hadda ee isticmaala erayada alifbeetada ma ahan kuwa ay isticmaaleen Muslimiintu. Bedelkooda waxay isticmaaleen oraahyo na tusaya aljebradu inay asal ku leedahay ganacsiga iyo xallinta isle'egyada adag ee dhaxalka (cilmiga faraa'idka). Erayga maal, oo macnihiisa-xarfiga ah uu yahay 'raasumaal', waxaa markii hore loo isticmaalay tirada aan la aqoon ee ku jirta isle'egyada liiniyeerka ah, hase yeeshee macnaheedu wuxuu gadaal ka noqday jibbaarka oo ka soo horjeeda xididka - jidr. Erayga shay, ee macnihiisa-xarfiga ah uu yahay 'walax', waxaa lagu dabaqay

151

tirada la raadinayo, tirada aan la aqoon. Marka la eego Aljabrada al-Khuwaarasmi oo loo qaabeeyay lixda isle'eg ee qawaacidda ah ee kor ku xusan, maal waxaa u taagan bedka laba-jibbaarka, jidri-na waxaa u taagan bedka laydiga …"

Asaga oo ka hadlaya sida al-Khuwaarazmi uu wax uga qabtay arrimaha la xiriira xallinta xididka, joomitiriga iyo hubinta tirsiimada iyo isle'egtiisii caanka ahayd iyo xilliga reer Yurub ay tarjunteen buuggiisa, wuxuu yiri:

"The resolution of the complete quadratic equations is given by al-Khuwarazmi in the verbal terminology described above, as rules for the extraction of roots. He then gives geometrical demonstrations and numerical proofs. For example, the equation

$$x^2 + 10x = 39$$

This is found, together with many other examples from al-Khuwarazmi, in almost all the Arabic and European algebraic manuals of the Middle Ages …

The first part of al-Khuwarazmi's treatise was translated into Latin by 1145 by Robert of Chester under the title Liber algebrae et mucabala hence of course the passage of the word 'algebra' into European languages."

"Xallinta isle'egyada laba-jibbaaran waxay ku cad yihiin oraahda kor ku xusan, kuwaasoo xeer u ah saaridda xididka. Ka dib, wuxuu soo bandhigay arrimo la xiriira joomitiriga iyo hubinta tirsiimada. Tusaale ahaan, isle'egta

$$x^2 + 10x = 39$$

Waxaa laga helay, ayada oo ay weheliyaan tusaalayaal kale oo badan oo laga soo xigtay al-Khuwaarazmi, dhammaan qoraaladii aljabrada ee ku qornaa luqadaha Carabiga iyo kuwa reer Yurub ee Qarniyadii Dhexe …

Qaybta koowaad ee buugii al-Khuwaarazmi waxaa, sannadkii 1145, afka Laatiinka u tarjumay Robertihii Chester, wuxuuna cinwaan uga dhigay Liber algebrae et mucabala, taas ayaana keentay in erayga 'algebra' uu soo galo luqadihii reer Yurub."

Cinwaan kale oo ka mid ah isla buugiisa oo ahaa "Transmission of Islamic Knowledge to Europe" (Cilmiga Islaamka Laga Soo Gaaray iyo U Soo Gudbiddiisii Yurub), Donald R. Hill wuxuu ku yiri:

"The works of Muhammad b. Musa al-Khuwarazmi exercised profound influence on the development of mathematical thought in the medieval West. Many of his main works were translated into Latin in Spain during the twelfth century. His algebra was translated partially by Robert of Chester as Liber algebras et mucabala; shortly afterwards Gerard of Cremona made a second version of it, De jebra et mucabola. In this way a new science was introduced into Europe, and with it a terminology that was completely developed, needing only for words to be replaced by symbols for it to be recognizable as the modern science of algebra ...

"Almost at the same as the Algebra was being translated, John of Seville published a Latin version of the Arithmetic, made from the lost Arabic original of al-Khuwarazmi. John's work was entitled Liber algoarismi de practica arithmetrice."

Meel kalana wuxuu ku yiri:

"...Transmission of Islamic knowledge to Europe was very largely by literary means. It is beyond question that transmission occurred on a large scale: anyone wishing to examine the diffusion of a particular science can trace its passage from its Arabic sources, through Latin translations, and eventually into other European languages."

"Qoraalladii Muxammad ibn Muusa al-Khuwarazmi waxay saamayn wayn ku lahaayeen horumarintii afkaarta xisaabta ee ka jirtay Galbeedka xilliyadii dhexe. In badan oo ka mid ah qoraalladiisii ugu muhimsanaa waxaa qarnigii laba iyo tobanaad, Spain dhexdeeda loogu tarjumay afka Laatiinka. Aljabradiisa waxaa qayb ka mid ah tarjumay Robertihii Chester wuxuuna u baxshay Liber algebras et mucabala; wax yar ka dibna, Gerardigii Cremona ayaa soo saaray tarjumaad kale, wuxuuna u baxshay De jebra et mucabola. Habkaas

153

waxaa Yurub ku soo gaaray saynis cusub oo wata eraybixin horumarsan, oo u baahan oo keliya in erayada caadiga ah loo bedalo astaamo u taagan si ay u noqdaan kuwa maantay ah sayniska aljabrada ee casriga ah …

"Isla xilligaas Aljabrada la tarjumay xilli u dhow, Johnkii Seville (Spain) wuxuu daabacay tarjumaadii Laatiinka ee buugii Arithmetic (Xisaab), oo laga soo tarjumay qoraalkii hore ee lumay ee al-Khuwaarazmi lahaa. Cinwaanka qoraalka uu John sameeyey wuxuu cinwaankiisu ahaa Liber algoarismi de practica arithmetrice."

"… Cilmiga Islaamka laga soo gaaray sida badan wuxuu ugu soo gudbay Yurub qaab-qoraaleed. Looma baahna in la isweydiiyo xaqiiqada ah in cilmigaas si ballaaran uu u soo gudbay: qof kasta ee doonaya inuu baaritaan ku sameeyo sida maadda gaar ah oo la xiriirta sayniska ay u soo gudubtay wuxuu raadraac ku samayn karaa marinka ay soo martay oo ka soo bilaabanayay qoraallada Carabiga ku qornaa, oo Laatiin lagu soo tarjumay, ka dibna ay u soo gudbeen luqadaha reer Yurub hadda isticmaalaan."

" هَذِهِ بِضَاعَتُنَا رُدَّتْ إِلَيْنَا "

(يُوسُف 65)

DIFAACIDDII SHAAFICI

MAS'ALATUL-IXTIJAAJ BISH-SHAAFICI

Waxaa Qoray:
AL-XAAFID, AL-KHADIIB AL-BAQDAADI

TARJUMAAD KOOBAN

Fiiro Gaar Ahaaneed: Waxaa halkan ka bilaabanaya kitaabka kor ku xusan oo asagoo kooban af Soomaali ku tarjuman. Kitaabka waxaa qoray shiikha magaciisu kor ku yaallo, oo ka mid ahaa culumadii hore, hadalka meesha ku qoranna asagaa leh.

Mahad waxaa iska leh Rabbiga caalamiinta - waana ku-shukrinta nicmadiisa. Ilaah xaq lagu caabudo oo aan Allaah ahayn ma jiro - waana qiritaanka waxdaaniyadiisa. Naxariista Allaah ha gaarto kan khalqiga u khayrka badan - Muxammad oo ah Nebigeenna loo doortay Risaalada - iyo anbiyada kale oo ay walaalaha yihiin, ahlu-baytka, saxaabada iyo kuwa-raacsan oo haysta Sunnada.

Walaalahay qaar ka mid ah - Allaah ha ilaaliyee, hana na wada waafajiyo dhaqangclinta wax kasta ee uu raalli ka yahay - ayaa i su'aalay: Sababta keentay in Bukhaari uusan wax xadiis ah oo Imaam Shaafici weriyey ku soo darin kitaabkiisa kulmiyay aathaarta laga weriyey racii hore ee akhayaarta ahaa ee ummadan. Walaalkaas wuxuu sheegay in qof ka mid ah ragga taabacsan Abuu-Xaniifa uu daciifiyey axaadiis Shaafici weriyey. Arrintaasna wuxuu u cuskaday in Bukhaari uusan werin riwaayad ku timi waddada Shaafici.

Haddii ayan jirteen in Allaah (SWT) culumada kula ballamay inay dadka u caddeeyaan waxa ay yaqaannaan, waxaa habboonaan lahayd:

◆ in la iska indha-tiro doodda jaahiliinta iyo hadallada ay yiraahdaan ee aan caqli-galka ahayn.
◆ in loo daayo aqoon-darrida ay dhexdabaalanayaan.

Hase ahaatee gooddiga Allaah (SWT) ee Quraanka ku xusan ayaa culumada ka reebay inay qariyaan cilmiga. Waxaa taas dheer Nebiga La Doortay ee ah Sayidka Aadanaha (scw) waxaa ka ansaxay xadiis sheegaya waciid adag.

Nebiga (scw) wuxuu yiri: *"qofkii qariya cilmi uu allaah baray, wuxuu ilaahay afka u geliyaa liijaan dab ah."*

Nebiga (scw) wuxuu yiri: *"Qofkii qariya cilmi waxtar leh oo wax laga weydiiyay, maalinta Qiyaamaha waxaa lagu dacayaa hoggaan naar ah."*

Walaalkaas su'aashiisa waan ka jawaabayaa - Hadduu Allaah idmo. Allaahna waxaan ka rajaynayaa ajar iyo abaalmarin wayn. Waxaana ka baryayaa inuu i kaalmeeyo oo uu i waafajiyo xaqa khaladkana iga dhowro.

Hadda ka hor waxaan isla mas'aladan ka wadahadallay qof aqoon la bidaay.Wuxuu ii soo daliishaday isla arrimaha aan kor ku soo xusay. Wuxuuna intaas raaciyay in kutubta Muslim iyo Abuu-Daawuud iyo weliba kutubta ragga kale ee xadiiska ku xeel dheer ee leh kutubta axaadiista saxiixa lagu qoray aan lagu arag xadiis Shaafici weriyay. Waxaan ugu jawaabay sidii Allaah i waafajiyay iina qadaray inaan iraahdo. Haddii Allaah (SWT) idmo, hadalka mawduucaan waan soo gaabinayaa, waxaana u sharxayaa hab uusan mugdi ku jirin. Si qoraalkan u noqdo xujo ku oogan qofkii doona inuu xaqa riixo, gardarro dartccdna baadilka muujiya, jcclaadana in shubhooyinkiisa ay qalbiga ka fariistaan qofkii aan waxba ka aqoon cilmiga xadiiska Allaah (SWT) waxaan ka magangalayaa istus iyo is-cajabin, waxaana waydiisanayaa inuu i waafajiyo garashada waxa sawaabka ah.

Rasuulka (scw) wuxuu yri: "Dajjaal intuusan imaan waxaa ka soo hormaraya sannado dhagar badan, waxaa badanaya roobka naqana wuu yaraanayaa, waxaa la aaminayaa khiyaanoolaha, waxaa laga aaminbaxayaa qofka aaminka ah, waxaa la beensanayaa runlowga, waxaa la rumaysanayaa beenlowga, waxaa hadlaya "ruwaybida". Markaas baa la weydiiyey: Ruwaybidana maxay tahay? Wuxuu ku jawaabay: waa qof abtirsiinyo lagu garto aan lahayn, dadkuna ayan qiimayn."

Allaylahe, waan aragnay wixii naloo sheegi jiray, waan soo gaarnay xilligii aan ka digtoonayn, waxaana nagu dhacay wixii aan ka baqaynay. Waxaa saramaray dadkii aan aqoonta lahayn, waxaa muuqday dadkii liitay, si jahli ah bay diinta uga hadleen, tilmaantoodii xumayd ee lagu yaqiinnay ayay culumada sharafta leh iyo hoggaamiyayaasha hufan ku sheegeen. Waxay afka ku taageen dadkii wanaagsanaa. Xaqiiqaduse waxay tahay ayagaa dembiga u dhow, ayagaa ceebta mudan, ayagaana xumaanta u qalma.

Meesha ay u socdaan, wadada ay cagta saareen, malahooda beenta ah iyo hadalka xaqiiqada ka fog oo ay faafiyeen waxaa matal u ah gabaygii Cubayd tiriyay asagoo wiilkiisa ka hadlaya:

Wiilka way xasdeen
Waxqabadkiisa markay
Gaari waayeen.
Cadow iyo lid ayay
Dadku ku yihiin.
Sidii haweenkii
Tii lala qabay
Xasad iyo gardarro darteed
Foolxumo
Wejigeeda ku sifeeyay.
Ninka caqliga badan
Waa kan marwalba
Dadku xasdaan.
Rag caydii ma yaqaan
Mar walbase asaga
Waa kii la caayo.

Gabay kalena wuxuu ahaa:

Kuwa sharafta leh
Waa kuwii
Abidkood la xasdo.
Kuwa liitase
In la xasdaa haba sheegin.

Haddaba Shaafici oo kale waa kii la xasdi lahaa, waa kii qarinta raadkuu ka tegay loo bareeri lahaa. Allaahse diid waxaan ahayn inuu iftiinkiisa dhammaystiro iyo inuu shaaca ka qaado xaq walboo la aaso. Sidee u dhici kartaa inaan la xasdin qof heerkii u sarreeyay gaaray oo Allaah (SWT) isugu daray sifooyin wanaagsan oo uusan qofna inkiri karin - haddii uusan ahayn jaahil ama qof waalan.

Tilmaamaha wanaagsan ee la siiyay Shaafici waxaa ka mid ah: aqoon badni, abtirsiinyo wanaag oo keentay inuu xukun ahaan kula sinmo reer Cabdul-Muddalib, diin-wanaag, waddaduu raacay oo mukhaalif iyo muwaafiqba ammaaneen, xafidka Kitaabka Rabbi, garashada axkaamta kitaabka ee la xiriira waajibka iyo sunnada, aqoonta culuumta Kitaabka ee kala noocaa taasoo ay raggii kale ku adkaatay inay fahmaan, fahmidda axaadiista la soo minguuriyey, garashada kuwa saxiixa ah iyo kuwa bushiga qaba, ka hadlidda usuusha iyo xadiiska mursalka ah ee aan xiriirin iyo xadiiska xiriira, iyo abla-ablaynta nusuusta uu ku sameeyey sida caamka iyo khaaska. Intaas ka dib, wuxuu ka fogaaday inuu si indha' la'aan ah ku raaco dadkii ay isku deegaanka ahaayeen. Wuxuu doortay masaa'isha daliilkoodu muuqday, kuna salaysnaa xujo adag.

Intaasoo dhan waxaa weheliyay, abaalka wayn ee uu ku lahaa iyo billad-sharafta uu u xiray dhammaan dadkii ku mashquulsanaa minguurinta axaadiista iyo akhbaarta. Wuxuu tusay kuna baraarujiyay macnaha axaadiista, wuxuu xaqii uu haystay ku ganay baadilkii Ahlur-Ra'yiga ay dhoodhoobeen. Sidaa darteed, Allaah (SWT) wuxuu [Asxaabul-Xadiiska] ka dhigay kuwa foojigan oo soo jeeda ka dib markii ay ahaayeen kuwa naxuusa. Codkooda ayaa saramaray, waxayna daliil iyo xujo cadcad ku aamusiyeen qolyihii khilaafsanaa ilaa ay gorodda ka laalaadiyeen.

Muxammad ibn al-Xasan wuxuu yiri: *"Haddiiba Asxaabul-Xadiisku hadlaan waxaa afhayeen u noqon doona Shaafici."*

Xasan ibn Muxammad az-Zacfaraani wuxuu yiri: *"Asxaabul-Xadiisku way hurdeen ilaa uu Shaafici ka yimi. Wayna tooseen markii hurdada uu ka kacshay."*

Axmed ibn Xanbal wuxuu yiri: *"Qof kasta oo gacantiisa ay khad taabatay ama qalin wax ku qoray Shaafici baa abaal ku leh."*

Hadalkaas waxaa yiri sayidkii Asxaabul-Xadiiska, oo ah nin

culumadu ayan isku khilaafsanayn waraciisa iyo fadligiisa - waana uu mutaa. Wuxuu ka mid ahaa ardaydii iyo asxaabtii Shaafici kuwii ugu waawaynaa, wuxuu ahaa qofkii ugu laasimid badnaa Shaafici. Wuxuu ahaa qofkii ugu rabitaanka badnaa inuu kutubtiisa dhegeysto. Wuxuu ahaa qofkii ugu badnaa oo dadka ku tirtirsiiya inay cilmiga Shaafici xafidaan. Shukrin uu u celinayo Shaafici darteed ayuu hadalkaas u yiri maxaa yeelay qofkii aan dadka ku shukrin, Allaahna kuma shukriyo.

Inta aan ka soo sheegnay Shaafici, wax yar oo ka mid ah ayaa keeni karta in la xasdo laguna been-abuurto. Maxayse u dhibaysaa ka-soo-horjeesashada dadka aqoonlaawayaasha ah mar haddii Rabbiga caalamiinta uu doonay inuu u gargaaro hadalkiisana uu kor u qaado.

Allaah diidyay,
Waxaan ahayn
Inuu saramaro.
Allaha Carshiga u saaxiibkaa
Qofkuu kor u qaado, hoos
Cid keeni kartaa ma jirto.

Nin ayaa wiilkiisa wuxuu ku yiri: *"Aabbow xaasidnimo ka dheerow, maxaa yeelay xaasidnimadu adigay wax ku yeelaysaa ee cadawgaaga wax yeeli mayso."*

Haddii dadka u qafaalan damaca ay ceebahooda ku mashquuli lahaayeen, dambigoodana ka welweli lahaayeen, Allaahna ay towfiiq iyo aragti-wanaag waydiisan lahaayeen, dadka ahlul-cilmiga ah waxaa ka fududaan lahaa culays farabadan oo uga yimaada rafaadka ay ka maraan baabi'inta been-abuurka iyo daah-ka-qaadidda shubhooyinka la dhoodhoobay. Laakiin maadaama Allaah (SWT) uusan wanaag la doonin wuu dulleeyay dadkaas wuxuuna ku mashquuliyay inay baadil aan wax u tarayn xaqa ka horkeenaan. Waxaan Allaah (SWT) ka magangalaynaa caradiisa iyo inuu na hoojiyo, waxaana waydiisanaynaa inuu na waafajiyo raxmaddiisa iyo raalli-ahaanshadiisa.

Abuu-Turaab an-Nakhshabi wuxuu yiri: *"Haddii qalbigu qabatimo ka-jeensashada Allaah, waxaa la rafiiqa wax-ka-sheegidda awliyada Alle."*

Al-Fudayl ibn Ciyaad wuxuu yiri: *"Waxaad ka hadashay wax aan ku khusayn oo kaa mashquuliyay wixii ku khuseeyay, haddiise waxa ku khuseeya aad ku mashquuli lahayd waxaad ka tegi lahayn waxa aan ku khusayn."*

Allaah (SWT) casri walba oo yimaada ilaa laga gaaro dhammaadka adduunka waxa uu u yeelayaa qof runta ka horgeeya beenta, xaqana ku gana oo ku burburiya baadilka, asagoo Allaah (SWT) dartiis afka iyo adinka ku jihaadaya, Allaahna ajar ka raadsanaya alma qof xaqiiqsan in mad-habkiisu saxsan yahay, wadada uu ku taagan yahayna tahay mid toosan *"Si qofka halaagsama isaga oo og u halaagsamo, qofkii noolaanayana isagoo og uu u noolaado. Allaah waa kii Wax-Maqla, Waxna-Og."* [al-Anfaal: 42]

Rasuulka (scw) wuxuu yiri: *"La waayi maayo koox ummadayda ka mid ah inay xaqa u dagaalamaan ayaga oo gacanta sare leh ilaa uu uga yimaado amarka Allaah ayaga oo sidaas ah."*

Yaziid ibn Haaruun wuxuu yiri: *"Haddii ayan (kooxdaas) ahayn Ahlul-Xadiiska garan maayo cidda ay yihiin."*

Rasuulka Allaah (scw) wuxuu yiri: *"La waayi maayo koox ummadayda ka mid ah oo xaqa u dagaalama ayaga oo gacanta sare leh ilaa Maalinta Qiyaamaha."*

Bukhaari wuxuu yiri: *"Waxaa (kooxdaas) loola jeedaa Ahlul-Xadiiska."*

Koox kasta inkastoo ay xadiiskan ayada isku fasirto cid kalana ay u diiddo haddana cid inkiri karta ma jirto in Asxaabul-Xadiisku yihiin kuwa ugu badsada ka shaqaynta axaadiista la weriyo iyo xil-iska-saaridda arrimaha la xiriira silsiladda wax looga weriyo Rasuulka (scw). Maxaa yeelay Ahlul-Xadiisku waa kuwa yaqaan magacyada rijaasha, xooggana saara baaridda xaaladdooda. Waa kuwa aqoonta u leh jarxiga iyo tacdiilka, oo xafidsan waddooyinka ay ku yimaadaan axaadiista saxiixa ah iyo kuwa bushiga qaba. Waxay ku dadaalaan inay arrimahaas bartaan oo ay ka meel gaaraan. Nafsaddooda waxay ku daaliyeen dhegaysiga xadiiska iyo xifdintiisa, cimrigoodana sidaas ayuu ku dhammaaday, safarro dhaadheerna way u galeen, dhul fog ayaa la dhawaaday, dhibkii ayaa u sahlanaaday ilaa ay ka ogaadeen - waafajinta Allaah (SWT) darteed - axaadiista saxiixa ah iyo riwaayaadka munkarka ah. Waxay si fiican u barteen minguuriyayaasha xadiiska, kuwooda duran iyo kuwooda fiyawba, kuwa darajadoodu tahay *mutqin* ama *xaafid, saduuq* ama *saalix, layyin* ama *daciif, saaqid* ama *matruuk.* Waxay mid walba oo ka mid ah weriyayaasha xadiiska dhigeen booskii uu mudnaa. Waxay kala duween darajooyinkooda, waxay diiwaangeliyeen axaadiista saxiixa ah, waxay toosh ku ifiyeen axaadiista ku timi riwaayaadka aan salka iyo raadka lahayn iyo kuwa been-abuurka ah.

Marka la fiiriyo nidaamka wax lagu kala shaandeeyo ee muxaddisiinta, waxaa ugu nidaam fiicnaa Muxammad ibn Ismaaciil al-Bukhaari. Axaadiis uu ka soo shaqeeyay soona kala hufay ayuu ku qoray kitaabkiisii ahaa Kulmiyaha Axaadiista. Hase yeeshee, wuxuu ku talagalay in kitaabkiisu noqdo mid gaaban - sidaa darteed, axaadiis farabadan oo uusan qorin ayaa jirta. Waxaa la helayaa axaadiis badan oo uu ka tegay oo la mid ah axaadiista uu ku xushay "shardigiisa gaar ahaaneed". Kuwa uu xushay waxay bidhaaminayaan kuwa la midka ah ee uu ka tegay. Bukhaari ujeedadiisu ma ahayn - Allaah baase wax walba oge - inuu wada kulmiyo waddooyinka ansaxay ee axaadiista lagu weriyo. Kitaabkiisa wuxuu ka dhigay asal lagu daydo iyo tusaale laga shidaal qaato. Arrintaas waxaa caddayn u ah hadalka Bukhaari qudhiisu yiri: *"Axaadiista aan kitaabkayga ku qoray waa axaadiis wada saxiix ah, waxaase jirta axaadiis kale oo saxiix ah oo aan ka tegay aniga oo ka baqaya in kitaabku dheeraado."* Bukhaari wuxuu yiri: *"Waxaan xafidsanahay boqol kun oo xadiis oo saxiix ah, waxaan kaloo xafidsanahay laba boqol oo kun oo xadiis oo aan saxiix ahayn."* Hase yeeshee kitaabka Bukhaari ee la yiraahdo al-Jaamic [Saxiixul-Bukhaari] waxaa ku qoran axaadiis aan ka badnayn kumanaan [toddoba kun iyo xoogaa marka lagu tiriyo mukarrarka oo ah axaadiista soo noq-noqata]. Waxay ila tahay hadalka uu yiri *"Waxaan xafidsanahay boqol kun oo xadiis oo saxiix ah"* inuu ula jeedo waddooyinka la xiriira akhbaarta marfuuca ah, kuwa mawquufka ah iyo hadallada taabiciinta iyo culumadii ka dambaysay. Waddo walba wuxuu u tiriyay inay *"hal xadiis"* tahay ee kama uusan hadlayn axaadiis sooc ah. Si kastoo ujeedada hadalkiisu ay tahayba, wuxuu caddeeyey inay jiraan axaadiis saxiix ah oo kitaabkiisa aan ku qornayn.

Sida axaadiista uu ka yeelay ayuu rijaashana ula dhaqmay [Sida uu axaadiis saxiix ah uga tegay oo kale ayuu uga tegay rijaal lagu kalsoon yahay oo uusan waxba ka werin]. Kitaabka taariikhda ah ee uu Bukhaari allifay, rijaasha ku xusan waxay tira ahaan gaarayaan kumanaan. Hase yeeshee rijaashaasa qaar ka mid ah oo keliya ayuu wax uga weriyey kitaabkiisa Saxiixa ah. Ka tegidda uu ka tegay ragga qaarkiis waxay la mid tahay ka tegidda uu ka tegay axaadiis usuul ah oo badan. Sababtu waxay noqon kartaa in weriyuhu yahay daciif uusanna soo buuxin karin shardiga Bukhaari axaadiista uu ku aqbalo. Waxaa ayana dhici karta in weriyuhu yahay nin lagu kalsoon yahay hase yeeshee Bukhaari uu helay cid kale ee uu uga kaaftoomay riwaayaddiisa. Allaah (SWT) ayaase wax walba og.

FASAL

Haddaba, waxaan oranaynaa: Sababta keentay in Bukhaari uusan soo qaadan axaadiista Shaafici weriyey ma ahan inuu u arkayey *"daciif"* ee wuu ka *"kaaftoomay"* wuxuuna helay riwaayado ku yimi sanad gaaban (sanad caali ah). Arrintaas sida ay ku timi oo faahfaahsanna waa sida soo socota:

Shuyuukhda lagu kalsoon yahay ee Shaafici wax ka weriyey waxaa ugu da' waynaa:

♦   Maalik ibn Anas
♦   Cabdul-Caziiz ibn Muxammad ad-Daraawardi
♦   Daawuud ibn Cabdiraxmaan al-Caddaar iyo
♦   Sufyaan ibn Cuyayna

Bukhaarina ma soo gaarin Shaafici, wuxuuse la kulmay oo uu wax ka
weriyey rag ka da' waynaa Shaafici hortiisna axaadiis-raacashada
bilaabay. Raggaas waxaa ka mid ahaa:

- Makki ibn Ibraahiim al-Balkhi
- Cubayd ibn Muusa al-Cabsi
- Abuu-Caasim ash-Sheybaani
- Muxammad ibn Cabdullaahi al-Ansaari
- Iyo kuwa kale oo badan oo xusiddoodu ay qoraal dheer u baahan tahay

Raggaas aan magacaabay qaar ka mid ah waxay xitaa wax ka
weriyeen rag taabiciin ah [raggii saxaabada soo gaaray].

Sidoo kale Bukhaari wuxuu helay oo uu la kulmay rag [Shaafici ay
isku dabaqad yihiin oo] si toosa axaadiista uga weriyey isla
shuyuukhdii uu Shaafici axaadiista ka qaatay.

Raggaas kooxda ah waxay isugu jireen rag wax ka weriyey Maalik,
qaar ka mid ahna waxay kaloo wax ka weriyeen ad-Daraawardi.
Raggaasna waa.

- Cabdullaahi ibn Maslama al-Qacnabi
- Cabdullaahi ibn Yuusuf at-Tinniisi
- Ismaaciil ibn Abii-Uways
- Cabdul-Caziiz al-Uwaysi
- Yaxya ibn Qazaca
- Abuu-Nucaym al-Fadal ibn Dukayn
- Khaalid ibn Makhlad
- Axmed ibn Yuunus iyo
- Qutayba ibn Saciid

Raggaas uu soo gaaray waxaa kaloo ka mid ahaa rag wax ka weriyey Sufyaan ibn Cuyayna, qaarkoodna waxay kaloo wax ka weriyeen Daawuud ibn Cabdiraxmaan al-Caddaar. Raggaasna waa:

- Saciid ibn Abii-Maryam al-Misri
- Abuu-Ghazzaan an-Nahdi
- Cabdullaahi ibn Az-Zubayr al-Xumaydi iyo
- Cali ibn al-Madiini

Waxaa kale oo jira raggaas aan soo sheegnay rag aan ahayn oo soo gaaray shuyuukhdii Shaafici oo uu ayagana Bukhaari axaadiis ka qortay.

Marka, Bukhaari ulama muuqan inuu u baahan yahay inuu xadiis ka weriyo qof, qofkuna uu ka sii weriyo Shaafici, Shaaficina uu Maalik ka weriyo maadaama Bukhaari isla xadiiskaas uu ka maqlay rag kale oo farabadan oo, sida Shaafici oo kale, si toosa Maalik xadiiska uga qaatay. Intaas waxaa dheer, Bukhaari raggaas uu xadiiska ka qaatay way ka da' waynaayeen Shaafici, xadiis-raacashadana isaga hortiis ayay bilaabeen.

Haddii la yiraahdo: Waxaa jira xadiis uu Bukhaari ku weriyey sanad caali ah, waana xadiiska Midcam. Bukhaari wuxuu xadiiskaas ka weriyey Ismaaciil ibn Abii-Uways oo asna ka sii werinaya Maalik. Haddana Bukhaari isla xadiiskaas wuxuu weriyey asaga oo ku yimi sanad naazil ah. Wuxuuna ka weriyey Cabdullaahi ibn Muxammad al-Musnadi oo ka werinaya Mucaawiye ibn Camar oo asna ka sii werinaya Abuu-Isxaaq al-Fazaari oo ka werinaya Maalik. Xadiiskuna wuxuu ku jiraa kitaabka al-Muwadda' ee Maalik. Shakina kuma jiro in Bukhaari kitaabkaas ka maqlay rag badan oo ka mid ah asxaabtii Maalik maadaama uu la kulmay kooxo uu si toosa uga qaatay kitaabka al-Muwadda'. Haddaba, haddii Bukhaari xadiis ka weriyo qof qofkaasna uu ka weriyo Shaafici oo asna ka werinaya Maalik, waxa ugu wayn ee dhacaya waa in Bukhaari uu hal darajo oo keliya hoos uga soo dego sanadka caaliga ah ee uu wax ku weriyo. Xadiiska

165

sidaas ahna wuxuu ka sarreeyaa xadiiska Abuu-Isxaaq al-Fazaari ee uu Bukhaari ku weriyey darajo sii hoosaysa. Maxaa yeelay Bukhaari iyo Maalik, marka Shaafici la maro, waxaa u dhaxeynaya laba qof haddii waddada al-Fazaari la marase saddex qof ayaa u dhaxaynaya. Arrintaasna waxay ka soo horjeeddaa hadalkii aad horay u soo sheegtay, waxayna xididdada u siibaysaa doodihii mawduucan la xiriiray.

Su'aashaas jawaabteedu waxay tahay: Bukhaari marnaba kitaabkiisa Saxiixa ah kuma werin xadiis ku yimid sanad naazil ah (sanad dheer) kaasoo uu ku weriyey sanad caali ah (sanad gaaban) haddaysan jirin faa'iido uu wato sanadka naazilka ah oo aan laga helayn xadiiska ku yimid sanadka caaliga ah. Amaba waxaa dhici karta in xadiiska la isku khilaafay. Taas ayaana keentay in Bukhaari uu waddooyinka xadiiska qaar ka mid ah ku weriyo sanad caali ah ka dibna uu la fangeliyo kana dabakeeno xadiis lagu weriyey sanad naazil ah si uu u ayido kan hore. Laakiin ma dhici karto inuu keeno xadiis sanadkiisu naazil yahay oo uu ku werin karo sanad caali ah ayada oo ayan jirin wax faa'iido ah oo uu si gaara u wato amaba uusan ku ayidayn riwaayado la isku khilaafay.

Xadiiska Abuu-Isxaaq al-Fazaari waxaa ku sugan *"wax ku tusinaya maqlid toos ah"* oo aan laga helayn riwaayadaha kale. Xadiiskoo dhan ayaan sheegaynaa si loo arko warka aan sheegay inuu sax yahay.

… Abuu-Isxaaq [al-Fazaari] waxaa laga weriyey asaga oo asna ka werinaya Maalik ibn Anas inuu yiri xaddathanaa Thawr oo asna yiri Akhbaranii Saalim inuu maqlay Abuu-Hurayra (rc) oo oranaya: Waxaan furannay Khaybar mana aanan qaniimaysan dahab iyo qalin ee waxaan qaniimo ahaan u hellay geel, lo', alaab iyo beero … [waa xadiis dheer].

Bal fiiri sida fiican ee Abuu-Isxaaq [al-Fazaari] u weriyey xadiiska oo uu u sheegay in Maalik xadiiska ka maqlay Thawr ibn Yaziid iyo in Thawr ka maqlay Saalim, Saalimna uu ka maqlay Abuu-Hurayra (rc).

Asxaabtii Maalik ee xadiiskan Maalik ka weriyey, waxay kala ahaayeen.

- Cabdullaahi ibn Wahab
- Macan ibn Ciisa
- Abuu-Qurra, Muusa ibn Daariq
- Muxammad ibn Idriis ash-Shaafici
- Muxammad ibn al-Xasan ash-Sheybaani
- Cabdullaahi ibn Maslama al-Qacnabi
- Ismaaciil ibn Abii-Uways
- Saciid ibn Kathiir
- Abuu-Muscab, Axmed ibn Abii-Bakar
- Muscab ibn Cabdullaahi az-Zubayri
- Suwayd ibn Saciid

Dhammaantood waxay weriyeen xadiiska aan ka hadlayno ayaga oo tilmaamaya in:

Maalik ibn Anas laga weriyey in Thawr ibn Zayd laga weriyey in Abul-Ghayth in laga weriyey in Abuu-Hurayra (rc) uu yiri: *"Waxaan raacnay Rasuulka Allaah (scw) maalintii Khaybar..."* Ka dibna xadiiska ayuu u sheegay sida aan kor ku soo xusnay.

Sida muuqata, raggaas kore dhammaantood waxay xadiiskaas weriyeen ayaga oo aan isticmaalin *"wax tusinaya maqlid toos ah"*.

Bukhaari wuxuu dabagalaa erayada wata *"wax tusinaya maqlid toos ah"* ee axaadiista qaar ku jira wuxuuna tixgeliyaa sababaha.

Sababta Bukhaari riwaayadda Abuu-Isxaaq al-Fazaari uu u keenay waa: Dadka qaarkiis ayaa diiday hadalka laga weriyey Abuu-Hurayra (rc) ee ah *"Waxaan raacnay Nebiga (scw) maalintii Khaybar"* maxaa yeelay Abuu-Hurayra wuxuu yimi dagaalka oo socda. Bukhaari marka waxa uu weriyey xadiiska Abuu-Isxaaq [al-Fazaari] maadaama uu toosan yahay, sanadkiisuna fiican yahay maxaa yeelay waxa uu aftirayaa xujada qofkii ku doodi lahaa in xadiisku yahay *Mursal* silsiladdiisu go'an tahay amaba uu ku jiro tadliis (moodsiis-maqaleed) laakiinse aan xadiiska toos loo maqal. Wuxuuna ku fasiray oraahda [ku jirta riwaayadda Abuu-Isxaaq al-Fazaari] oo ah *"Waxaan furannay Khaybar"* inuu ula jeedo in [Abuu-Hurayra, (rc)] uu Nebiga (scw) ugu yimi Khaybar ayada oo weli dagaalkii socdo ee ulama jeedo inuu bilawgii horeba Nebiga (scw) la socday.

Xaqiiqduna waa sidaas maxaa yeelay wuxuu u yimid Rasuulka Allaah (scw) ka dib marka la furtay dhufaysyadii Khaybar qaarkood. Wuxuuna goobjoog ka noqday furashada intii dhimmanayd. Markii duullaanka uu (Nebigu, scw) ka laabtayna, wuu la noqday.

Bukhaari wuxuu kitaabkiisa uu axaadiista ku uruuriyey ku soo arooriyey waxyaalo taageeraya xadiiska Abuu-Isxaaq [al-Fazaari]. Qofkii u fiirsadana waxaa u caddaanaya in hadalkaygu sax yahay.

Haddii aan fiirinno riwaayaadka Shaafici ee kutubtiisa ku qoran ee waafaqsan shuruudda aqbalaadda xadiiska ee Bukhaari u degsan, kama heli karno hal xadiisa oo wata faa'iido dheeraad ah oo weriyayaasha kale ayan sheegin sida tan laga helay xadiiska Abuu-Isxaaq [al-Fazaari] ee aan soo sharaxnay. Xitaa haddii sidaas ay jiri lahayd, Bukhaari marnaba qasab kuma ahaateen inuu axaadiista ku weriyo sanad uu [Shaafici] jiro.

Waxaan soo sheegnay sababta keentay in Bukhaari uu ka kaaftoomo xadiis ku yimi silsilad Shaafici ku jiro inuu ku weriyo kitaabkiisa Saxiixa ah. Taasna waxaa la mid ah sababta Muslim uu uga kaaftoomay axaadiista lagu weriyey silsilad Shaafici ku jiro maxaa yeelay Muslim wuxuu soo gaaray inta Bukhaari soo gaaray.

Marka la eego Abuu-Daawuud as-Sijistaani, asagu kitaabka axaadiista uu ku uruuriyey ee [Sunan Abii-Daawuud] wuu ku soo qoray axaadiis Shaafici uu ka weriyey.

Axaadiistaasna waxaa ka mid ah:

Abuu-Daawuud wuxuu yiri: *"Waxaa noo warramay ibn Sarx iyo Ibraahiim ibn Khaalid oo ah Abuu-Thawr, oo weliba ay weheliyaan rag kale, waxayna yiraahdeen: Waxaa noo warramay **Muxammad ibn Idriis ash-Shaafici** oo yiri waxaa ii warramay adeerkey Muxammad ibn Cali ibn Shaafic ibn Cabdillaahi ibn Cali ibn as-Saa'ib oo asna ka werinaya Naafic ibn Cujayr ibn Cabdi-Yaziid ibn Rukaana oo sheegay in Rukaana ibn Cabdi-Yaziid uu xaaskiisii Suhayma si go'an u furay [al-batta]. Ka dibna wuxuu Nebiga (scw) u sheegay arrinkaas oo uu ku yiri: Wallaahay baan ku dhaartaye, waxaan ula jeeday hal dalqo. Markaasuu Rasuulku (scw) su'aalay oo yiri: Ma wallaahay baa inaad hal ula jeedday? Rukaana wuxuu ku jawaabay. Wallaahay baan ku dhaartaye, hal baan ula jeeday. Marka, Rasuulka-Allaah (scw) wuu u celiyey (haweentiisii). [Rukaana] Wuxuu dalqaddii labaad xaaskiisa ku furay xilligii Cumar (rc), tii saddexaadna wuxuu ku furay xilligii Cuthmaan (rc)."*

Sidoo kale waxaa Shaafici xadiiskiisa weriyey Abuu-Ciisa at-Tirmidi, Muxammad ibn Khuzayma an-Naysaabuuri iyo Cabdur-Raxmaan ibn Abii-Xaatim ar-Raazi.

Hadalkaas waxaan uga dan leennahay inaan wax caddayno. Hase yeeshee, waxaa xaqiiqo ah xitaa haddii aan qofka wax xadiisa laga werin arrintaas wax ay u dhimayso haba yaraatee ma jirto - haddiiba uu yahay qof lagu kalsoon yahay oo la ammaanay. Waxaa daran oo keliya haddii laga yiraahdo arrin dhaawici karta kalsoonida lagu qabo iyo in sababta looga tegay ay tahay daciifin la daciifiyay iyo duritaan darteed.

FASAL

Rag aqoon is biday qaarkood ayaa ku andacooday in sababta Bukhaari uu uga tegay riwaayadda Shaafici ay tahay in ay yarayd aqoonta Shaafici uu u lahaa axaadiista iyo cillooyinkooda, sanadka iyo waddooyinka wax lagu weriyo, kala shaandhaynta axaadiista saxiixa ah iyo kuwa buka, ogaanshaha xaaladda weriyayaasha iyo ragga axaadiista soo minguuriyey.

Arrinkaas waa hadal lagu andacooday oo ka dhar la' wax xujo ah. Waxaanse u malaynayaa qofka arrinkaas sheegay inuu cuskaday riwaayaddan:

Axmed ibn Xanbal ayaa yiri: *"Muxammad ibn Idriis ash-Shaafici wuxuu igu yiri: Idinka ayaa naga badiya axaadiista saxiixa ah ee haddii aad heshaan xadiis saxiix ah ii sheega aan qaatee. Xadiiskaas wuxuu doono ha noqdee, mid reer Kuufa, reer Basra ama reer Shaam laga weriyey."*

Hadalkaas ayuu u qaatay inuu yahay mid muujinaya aqoon gaabni. Arrinkuse sidaas ma ahan. Shaafici ujeeddadiisu waxay ahayd inuu Axmed ibn Xanbal ogeysiiyo in aasaaska mad-habkiisa uu ku dhisay yahay atharka oo keliya. Wuxuuna tilmaamay in Asxaabul-Xadiisku ay dadka uga horreeyaan saxiixinta iyo bushinta axaadiista iyo baaritaanka la xiriira jarxiga iyo tacdiilka. Ujeeddadiisuna waxay ahayd inuu ogaado waxa Axmed uu aaminsaa iyo inuu bannaanka u soo saaro waxa uu uurka ku hayo si uu u ogaado bal inay jiraan wax uu ku duri karo iyo in kale, iyo inuu xaqiiqsado bal inuu hayo ceeb mad-habkiisu leeyahay ama khabar khilaafsan aasaaska uu mad-habkiisa ku dhisay iyo athar ka hor imaanaya hadalkiisa.

Arrintaasi waxay tusinaysaa sida uu isugu kalsoon yahay uuna u adag yahay aasaaska uu mad-habkiisa ku dhisay. Shaafici wuxuu yiri: *"Haddii aad aragtaan sunno Rasuulka Allaah (scw) laga weriyey oo khilaafsan hadalkayga, sunnada qaata hadalkaygana ka taga. Anigana ayada [sunnada] ayaa oraahdayda ah."* Sideese loo heli karaa wax khilaafsan mad-habkiisa maxaa yeelay waaba atharka waxa uu ku tiirsan yahay ee uu fiqiga ka soo dhiraandhiriyay. Wuxuuse sidaas u yiri waynayn uu atharka waynaynayo iyo tirtirsiin uu tirtirsiinayo in Sunnada lagu dhego.

Intaas ka dib hadalka cuskaday arrimaha aan ku soo xusnay fasalkan bilawgiisa waxaa burinaya in Bukhaari kitaabkiisa Saxiixa ah uu ku weriyey axaadiis ay silsiladdoodu ku jiraan rag cilmigoodu uusan aad u muuqan [marka loo barbardhigo Shaafici]. Raggaas waxaa ka mid ah:

♦ Cabdullaahi ibn Murra
♦ Sacdaan ibn Yaxya al-Lakhami
♦ Shabiib ibn Saciid al-Xabadi
♦ Dalxa ibn Abii-Saciid
♦ Cabdullaahi ibn Yaxya ibn Abii-Kathiir
♦ Iyo rag kale.

Bukhaari wuxuu daliishaday xadiiska raggaas ay weriyeen mana aha rag Shaafici gaari kara marka la eego caan-nimadiisa, cilmigiisa faafsan, fadligiisa muuqda iyo saxsanaanta aasaaska uu wax ku dhisay.

Ammaanta Shaafici wax la tiriyo waa ka badan tahay, lamana tirakoobi karo. Maxaa yeelay si gaara ayaa diinta loogu sheegay [Wuxuu u jeedaa fasiraadda Shaafici lagu fasiray axaadiista tilmaamaysa inuu soo bixi doono nin caalim ah, Qurayshna ku abtirsada], arrinkiisuna si gaara ayuu u muuqday. Wuxuu noqday qof aan la gaari karin oo cid tartan la geli karta aan lahayn. Wuxuu calanka u siday wanaagga, niyadiisu way toosnayd, fahamkiisu wuu xoogganaa, caqligiisu wuu wanaagsanaa, wadaduu ku taagnaa way toosnayd, akhlaaqdiisu way hufnayd, fiqiga iyo fatwada wuu ku xeel dheeraa, culuumta kalena si xirfad leh ayuu u yaqaannay. Wuxuu gaaray meel dadkii ka da'waynaa ee xilligiisii ay tiigsan waayeen. Haddii dadka ku hawlan tirakoobka ay isku dayaan inay tiriyaan ammaanta uu leeyahay iyo sharaftiisa, xisaabinteeda way ka daali lahaayeen.

Hase yeeshee, waxaan meeshan ku sheegayaa akhbaartiisa qaarkeed aniga oo soo koobaya sheegayana intii ugu caansanayd. Tawfiiqna waxaan waydiisanayaa Allaah (SWT). Asaga oo keliya ayaana talasaaranayaa.

Shaafici [asagoo taariikh-nololeedkiisii ka warramaya] wuxuu yiri: *"Waxaan u imi Maalik ibn Anas .... si aan ugu dul-akhriyo kitaabka [al-Muwadda']. Wuxuu igu yiri: Raadso qof kitaabka kuu akhriya. Waxaan ku iri: Anigaa akhrin kara. Markaas ayaan ku dul-akhriyay. Waxaa dhacaysay in meel aan soo akhriyay, uu igu yiraahdo: Mar labaad ku soo celi xadiiskaad soo akhrisay. Waxaan ku soo celin jiray xadiiska aniga oo kor ka akhrinaya. Arrintaas wuu la yaabay. Cabbaar ka dibna, waxaan weydiiyey su'aal, markaasuu iiga jawaabay. Haddana mid kale ayaan weydiiyay. Markaasuu igu yiri: Waxaad ku fiican tahay inaad qaaddi noqotid".*

Cabdur-Raxmaan ibn Mahdi wuxuu yiri: *"Waxaan maqlay Maalik oo oranaya ii iman maayo nin Qurashi ah oo ka fiican wiilkan dhalinyarada ah - Wuxuu u jeedaa Shaafici."*

Axmed - wiilkii Shaafici uu awoowga u ahaa oo ay gabadhiisu dhashay - ayaa yiri: *"Waxaan maqlay aabbahay iyo adeerkay oo oranaya: Sufyaan ibn Cuyayna marka la weydiiyo arrin ku saabsan tafsiir iyo fatwo, Shaafici intuu milicsado ayuu oran jiray: kan su'aala."*

Al-Xumaydi wuxuu yiri: *"Waxaan maqlay az-Zinji - Wuxuu u jeedaa Muslim ibn Khaalid - oo Shaafici ku oranaya: Abuu-Cabdullaahiyoow! Fatwo bixi maxaa yeelay waad gaartay heerkii aad ku fatwoon lahayd ..."*

Abuu-Thawr wuxuu yiri: *"Cabdur-Raxmaan ibn Mahdi ayaa warqad u qoray Shaafici oo weli dhalinyaro ah, wuxuuna ka codsaday inuu u qoro kitaab ka hadlaya macnaha Qur'aanka, aqbalaadda akhbaarta, daliishiga ijmaaca iyo naasikha iyo mansuukha ee Qur'aanka iyo Sunnada. Markaas ayuu u qoray kitaabka ar-Risaala. Cabdur-Raxmaan ibn Mahdi wuxuu yiri: Mar walba oo aan salaadda tukanayo waxaan u duceeyaa Shaafic."*

Waxaa laga sheegay Yaxya ibn Saciid al-Qaddaan inuu yiri: *"Salaad walba gudaheeda amaba maalin walba waxaan u duceeyaa Shaafici".* Ayuub ibn Suwayd markuu arkay Shaafici wuxuu yiri: *"Ilama ahayn inaan arkayo qof ninkaan la mid ah. Weligay ma arag ninkaan oo kale."* Ninka saas leh wuxuu arkay rag ay ka mid yihiin al-Awzaaci, Maalik ibn Anas iyo Sufyaan ath-Thawri.

Zubayr ibn Bakkaar wuxuu yiri: *"Adeerkay Muscab [ibn Cabdullaahi az-Zubayri] wuxuu igu yiri: Waxaan in badan gabayada reer Hudayl iyo sheekadooda ka qortay nin dhalinyaro ah oo asaga oo kalena aanan weligay indhaha saarin. Markaasaan ku iri: Adeerow, ma adaa dhahaya asaga oo kale indhaha ma saarin. Markaasuu iigu jawaabay: Haa, weligay asaga oo kale indhaha ma saarin."* Muscabka sidaas lehna ragga uu arkay waxaa ka mid ah Maalik ibn Anas iyo culumadii kale ee Madiina joogtay.

Shaafici wuxuu yiri: *"Muxammad ibn al-Xasan wuxuu ii akhrin jiray juz, ardayda kale oo asxaabtiisa ahna marka ay yimaadaan wuxuu u akhrin jiray dhowr warqadood. Markaas ayay ku dheheen: Sidee bay ku dhacday in ninkaan reer Xijaaz ah marka uu yimaado aad u akhrisid juz dhan, annagana aad noo akhrisid dhowr warqadood oo keliya? Wuxuu ugu jawaabay: War iska aamusa, haddii ninkan idin raaco cid kale idin ka badin maysee".*

Az-Zacfaraani wuxuu yiri: *"Bishr al-Mirriizi ayaa sannad xajka aaday, markuu soo noqdayna wuxuu yiri: Waxaan Xijaaz ku soo arkay nin aanan weligay arag wax kula mid ah su'aasha iyo jawaabta - Wuxuu u jeedaa Shaafici."*

Cabdullaahi ibn Axmed ibn Xanbal wuxuu yiri: *"Waxaan maqlay aabbahay oo oranaya: Shaafici la'aantiis fiqiga xadiiska ma aanan garaneen."*

Haddii dood-ahaan la yiraahdo: Aqoonta Shaafici u lahaa fiqiga iyo heerka uu ka gaaray cilmiga waa arrin aan la inkiri karin. Hase yeeshee Asxaabul-Xadiisku intaas oo keliya kuma aqbalaan qofka khabarka uu sheego iyo riwaayadda laga weriyo. Waxaa jira kooxo culumada ka mid ah oo riwaayaddooda la diiday iyo fuqaha badan oo akhbaarta ay weriyaan aan la ogalaan. Kooxahaasna waxay ku caan baxeen garashada axkaamta iyo ku ijtihaadidda masaa'isha xalaasha iyo xaaraamta. Haddaba muxuu Shaafici raggaas uga duwan yahay?

Waxaan ku jawaabbayaa sidan: Shaafici iyo kooxahaas waxaa u dhaxeeya farqi wayn iyo kala duwanaansho qofkii wax baara si cad ugu muuqanaysa. Maxaa yeelay Asxaabul Xadiisku waxay akhbaarta ay raggaas kale weriyeen diideen ka dib markii ay daciifiyeen. Hase yeeshee raggii xadiiska aqoonta u lahaa ee looga dambeeyey jarxiga iyo tacdiilka waxay Shaafici ku sifeeyeen caddaalad iyo aamminaad, kalsooni iyo diin-wanaag.

Saalix ibn Axmed ibn Xanbal wuxuu yiri: "*Waxaan maqlay aabbahay oo oranaya: Waxaan kitaabka al-Muwadda' ka dhegeystay Muxammad ibn Idriis ash-Shaafici maxaa yeelay si sugan ayuu kitaabka u werinayay. Inkastoo asaga hortiis, aan kitaabkaas ka dhegeystay rag kale.*"

Al-Cabbaas ibn Muxammad wuxuu yiri: "*Waxaan Axmed ibn Xanbal weydiiyey xaaladda Shaafici, wuxuuna igu yiri: Masaa'il ayaan weydiinnay, waanna u tegi jirnay, waxaan wanaag ahaynna kuma arag.*"

Axmed ibn Xanbal wuxuu kitaabkiisa Musnad-ka ku qoray axaadiis badan oo uu Shaafici ka weriyey. Sidoo kale Axmed wuxuu xadiis ka weriyay Sulaymaan ibn Daawuud oo asna ka werinaya Shaafici.

Yaxya ibn Maciin wuxuu yiri: "*Shaafici waa saduuq [run-badane].*"

Cabdur-Raxmaan ibn Abii-Xaatim ar-Raazi wuxuu yiri: "*Shaafici waa saduuq.*"

In si buuxda loo soo xigto hadallada ku soo arooray mawduucaas waxay keenaysaa in kitaabku nala dheeraado. Inta yar ee aan sheegnay ayaase nagu filan.

Waxaa intaas sii dheer, culumadii hoggaanka u haysay cilmiga minguurinta waxay baaritaan ku sameeyeen axaadiista Shaafici uu weriyey. Riwaayadaha uu weriyey waxay ka waayeen khalad iyo gefitaan. Ilaa uu ka yiri ninkii casrigiisa ugu xifdiga badnaa oo aan lahayn cid u dhowaan karta, Abuu-Zurca ar-Raazi: *"Ma jirto riwaayad uu Shaafici si khalad ah u weriyey."*

Ina Cabdil-Xakam asna wuxuu yiri: *"Shaafici oo kale lama arag. Ragga xadiiska khubarada ku ahaa ayaa u imaan jiray. Cilmiga ayay ku dul akhrin jireen. Waxaa dhacaysay inuu iin ka soo saaro habka ay wax u bushiyaan, wuxuuna tusin jiray qaybo cilmiga xadiiska ka mid ah oo ayan horay u maqal. Waxay ka tegi jireen ayagoo yaabban. Ragga fiqigana, kuwa asaga raacsan iyo kuwa aan raacsanaynba way u imaan jiray. Waxay ayaguna ka tegi jireen ayaga oo u qirsan diin-wanaag iyo caqli-badni. Ragga suugaanta ayaa ayana u imaan jiray. Waxay ku dul akhrin jireen gabayga, markaasuu u fasiri jiray. Wuxuu xafidsanaa toban kun oo gabayada reer Hudayl ah, icraab iyo macno ahaanba. Wuxuuna ka mid ahaa ragga taariikhda ugu xifdin badan. Laba arrin ayaana taas ku saacidday, caqli dhammaystiran iyo diin wanaag. Arrinka uu tiigsan jirayna wuxuu ahaa in Allaah (SWT) uu camalka u khaalis yeelo."*

Dhinaca kale, iska hubinta riwaayadaha ka sokow, Shaafici waxaa laga weriyay hadallo ku saabsan xaaladda weriyayaasha xadiiska taasoo caddaynaysa aqoonta ballaaran uu u lahaa cilmigaas. Hadallada uu yiri waxaa ka mid ah:

Waa xaaraam in wax laga weriyo Xaraam ibn Cuthmaan [nin magaciis].

Wuxuu ka hadlay Daawuud ibn Qays al-Farraa iyo Aflax ibn Xumayd al-Ansaari. Wuxuuna sheegay in ay yihiin rag aad loogu kalsoon yahay.

Mar wax laga su'aalay xaaladda Usaama ibn Zayd al-Laythi iyo Muxammad ibn Abii-Xumayd, wuxuu yiri: raggaas dhib ma leh [laa ba'sa bihim].

Ninka la yiraahdo Layth ibn Abii-Sulaymse wuu duray.

Mar wax laga su'aalay Cabdur-Raxmaan ibn Zayd ibn Aslam, wuxuu ka sheegay arrinkiisa waxyaalo keenaya in la daciifiyo oo aan xadiiska uu weriyo la daliishan.

Wuxuu kaloo yiri: *"Axaadiista Zuhri uu ku weriyo hab mursal ah waa waxba-yahay, maxaa yeelay waxaan ogaannay inuu wax ka weriyo Sulaymaan ibn Arqam."*

Wax kastoo aan ka soo xigtay Shaafici ee arrinta kore ah waxaan u hayaa sanad aan ku weriyay oo tan iyo asaga taxan, waanse soo gaabiyay aniga oo diiddan in kitaabku nala dheeraado.

Nin kastoo aqoon xeel dheera leh isla markaasna aragtidiisu fiican tahay haddii uu dadaalo oo uu isku dayo inuu raggaas kor ku xusan ka hadlo, habka Shaafici u sifiiyey hab ka fiican ma keeni karo. Arrintaasna waxay muujinaysaa inuu aqoon ballaaran uu raggaas u lahaa.

[CILMIGII LAGU HAYAY GOBOLLADA IYO MAGAALOOYINKA KALA DUWAN IYO CIDDA UU SHAAFICI KA BARTAY]

Cilmigii lagu hayay magaalada Madiina wuxuu waagii dambe ku soo uruuray raggii la oran jiray Toddobada Faqiih (al-Fuqahaa as-Sabca) oo kala ahaa:

AL-FUQAHAA AS-SABCA
-TODDOBADA FAQIIH -

1. Saciid ibn al-Musayyab
2. Curwa ibn az-Zubayr
3. Cubaydullaahi ibn Cabdillaahi ibn Cutba
4. Abuu-Bakar ibn Cabdir-Raxmaan ibn al-Xaarith ibn Hishaam
5. Khaarija ibn Zayd ibn Thaabit
6. Sulaymaan ibn Yasaar
7. Al-Qaasim ibn Muxammad ibn Abii-Bakar

Toddobadaas cilmigoodii waxaa dhaxlay afartan:

♦ Muxammad ibn Muslim ibn Shihaab az-Zuhri
♦ Yaxya ibn Saciid al-Ansaari
♦ Rabiica ibn Abii-Cabdiraxmaan ar-Ra'yi
♦ Abuz-Zinaad, Cabdullaahi ibn Dakwaan

Shaafici cilmigii ay ka tageen afartaan caalim wuxuu ka bartay ardaydoodii.

Cilmigii laga qaatay az-Zuhri, wuxuu ka bartay:

♦ Maalik
♦ Sufyaan ibn Cuyayna
♦ Ibraahiim ibn Sacad
♦ Muslim ibn Khaalid az-Zinji iyo
♦ Adeerkiis, Muxammad ibn Cali ibn Shaafic

Cilmigii laga dhaxlay Yaxya ibn Saciid, Rabiica iyo Abuz-Zinaad wuxuu ka bartay:

♦ Maalik iyo
♦ Sufyaan

Sidoo kale waxaa ka mid ahaa fuqahadii iyo muxaddisiintii Madiina, Muxammad ibn Cabdir-Raxmaan ibn Abii-Di'bin. Shaafici ma uusan soo gaarin shiikhaas laakiin wuxuu cilmigiisii ka bartay labadii arday ee sheekha:

♦ Muxammad ibn Ismaaciil ibn Abii-Fudayk
♦ Cabdullaahi ibn Naafic as-Saa'igh

Haddaan ka hadallo Makkah. Cilmigii meeshaas lagu hayay wuxuu ku soo uruuray:

♦ Caddaa
♦ Daawuus

177

- ◆ Mujaahid
- ◆ Camar ibn Diinaar iyo
- ◆ Ibn Abii-Mulayka

Cilmigii Caddaa laga dhaxlay, wuxuu ka bartay ardaydii Ibn Jurayj [oo ahaa ardaygii Caddaa] ee Makkah joogtay oo kala ahaa:

- ◆ Muslim ibn Khaalid
- ◆ Cabdul-Majiid ibn Cabdil-Caziiz ibn Rawwaad iyo
- ◆ Saciid ibn Saalim al-Qaddaax

Sidoo kale ardaydii Ibn Jurayj kuwoodii joogay Yeman wuxuu ayagana ka bartay cilmigii Caddaa laga dhaxlay. Wuxuu u safray Yeman wuxuuna wax ka soo bartay:

- ◆ Hishaam ibn Yuusuf, Qaaddigii magaalada Sanca
- ◆ Mudarrif ibn Maazin

Daawuus iyo Mujaahidna, cilmigooda wuxuu markii dambe ku soo uuruuray isla Ibn Jurayj oo cilmigaas ka qaatay:

- ◆ Cabdullaahi ibn Daawuus
- ◆ Al-Xasan ibn Muslim ibn Yannaaq
- ◆ Ibraahiim ibn Maysara

[Sufyaan] Ibn Cuyayna wuxuu [Ibn Jurayj] la wadaagsaday cilmi-ka-qaadashada [Cabdullaahi] Ibn Daawuus iyo Ibraahiim ibn Maysara.

Shaafici wuxuu cilmiga Ibn Jurayj ka qaatay ardaydiisii aan horay u soo xusnay. Intaas ka sokow, wuxuu [Sufyaan] Ibn Cuyayna ka qaatay cilmigaas intii uu ka hayay iyo weliba cilmigii Camar ibn Diinaar iyo Ibn Abii-Mulayka.

Cilmigaas qaarkiisna wuxuu ka qaatay Daawuud ibn Cabdir-Raxmaan al-Caddaar oo ahaa nin da' wayn, xadiis-raacashadiisuna horraysay.

178

Cilmigii Shaamna wuxuu ku soo ururay Cabdur-Raxmaan ibn Camar al-Awzaaci. Shaafici wuxuu cilmiga al-Awzaaci ka qaatay:

♦ Camar ibn Abii-Salama at-Tinniisi.

Cilmigii Masarna, wuxuu ku soo uruuray al-Layth ibn Sacad. Shaaficina wuxuu cilmigiisa ka qaatay koox. Ninka uu sida gaarka ah ugu tiirsadayse wuxuu ahaa:

♦ Yaxya ibn Xassaan

Cilmigii Ciraaqna, Shaafici wuxuu ka qaatay laba-kooxood [reer Kuufa iyo reer Basra].

Cilmigii ay hayeen reer Kuufa, oo laga dhaxlay:

♦ Abuu-Isxaaq as-Subayci
♦ Mansuur ibn al-Muctamir
♦ Sulaymaan al-Acmash
♦ Ismaaciil ibn Abii-Khaalid
♦ Iyo kuwa kaleba

[Shaafici] wuxuu ka qaatay:

♦ Sufyaan ibn Cuyayna
♦ Abuu-Usaama Xammaad ibn Usaama
♦ Wakiic ibn al-Jarraax

Cilmigii ay hayeen reer Basra, [Shaafici] wuxuu ka qaatay:

♦ Ismaaciil ibn Culayya
♦ Cabdul-Wahhaab ibn Cabdil-Majiid ath-Thaqafi
♦ Iyo kuwa kale

Haddaba Shaafici wuxuu si buuxda u arkay cilmiga gobollada oo dhan, wuxuuna si buuxda uga warqabay xaaladda culumadii joogtay deegaannada kala duwan.

Xaashidan waxaan ku sheegnay, ayada oo gaaban, wax uu ku qanci karo qof kastoo caqli iyo garaad leh.

Allaahna (SWT) waxaan waydiisanaynaa inuu na haleeshiiyo dadka wanaagsan, nana waafajiyo raacidda waddada imaamyadeennii hore, uusan nagana dhigin kuwa shakiya, uuna ilaaliyo arrimaheenna adduunka iyo diintaba. Asaga oo keliya ayaan caabudaynaa. Keligiis ayaanna kaalmo weydiisanaynaa.

Waxaa ii warramay Hibatullaah ibn al-Xasan ibn Mansuur ad-Dabari oo wuxuu igu yiri: *"Waxaan riyo ku arkay Rasuulka-Allaah (scw), markaasaan ku iri: Rasuulka Alloow, ka warran kitaabka Saxiixul-Bukhaari? Wuxuu iigu jawaabay: Asaga oo dhan waa saxiix ama waa wanaagsan yahay - ama hadal sidaasoo kale ah - Waxaase fiicnaan lahayd inuu Shaafici ku daro."*

Mahad waxaa iska leh Allaah (SWT) oo keliya. Naxariis iyo nabadgelyana kan khalqigiisa u khayr badan, Muxammad, ehelkiisa iyo asxaabtiisa dushooda ha ahaato.

Intaas waxaa ku eg kitaabkii al-Khadiib al-Baqdaadi
oo si kooban u tarjuman

SANAD CAALI AH IYO MID NAAZIL AH
(SANAD GAABAN IYO SANAD DHEER)

Labada Silsilad ee hoose mid walba oo ka mid ah waxaa loo yaqaan Silsiladda Dahabiga ah inkastoo ay kala dheer yihiin. Silsiladda bidixda waa sanad caali ah tan midigtase waa sanad naazil ah. Bukhaari haddii uu maro waddada silsiladda bidixda, asaga iyo Nebiga (scw) waxaa u dhaxaynaya afar qof, haddiise uu maro waddada midigta ee Shaafici ku jiro, asaga iyo Nebiga (scw) waxaa u dhaxaynaya shan qof. Sidaa daraadeed Bukhaari wuxuu doorbiday silsiladda gaaban (Sanadka Caaliga ah) ee bidixda. Waana sababta keentay inuusan silsiladda Shaafici wax ku werin, marka la eego kitaabkiisa Saxiixa ah.

SANAD CAALI AH IYO MID NAAZIL AH
(SANAD GAABAN IYO SANAD DHEER)

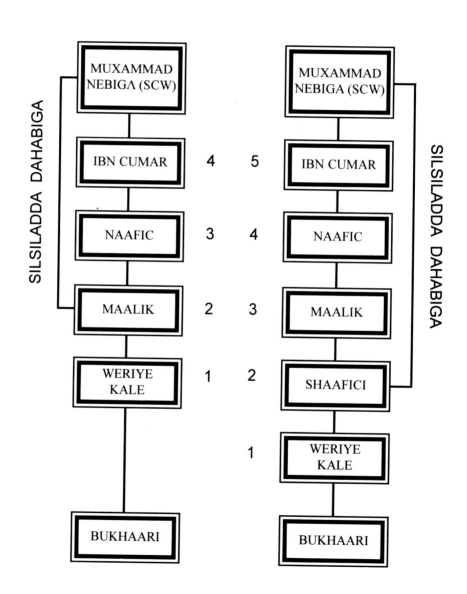

SILSILADDA DAHABIGA

MUXAMMAD NEBIGA (SCW)	MUXAMMAD NEBIGA (SCW)
IBN CUMAR 4	5 IBN CUMAR
NAAFIC 3	4 NAAFIC
MAALIK 2	3 MAALIK
WERIYE KALE 1	2 SHAAFICI
	1 WERIYE KALE
BUKHAARI	BUKHAARI

SILSILADDA DAHABIGA

TIXRAAC

Ku Qoran Luqada Carabiga

1. Qur'aanka Kariimka.

2. Ash-Shaafici, ar-Risaala, taxqiiq: Axmed Shaakir, al-Maktaba al-Cilmiyya, Beyruut, Lubnaan 1358H/1939.

3. Al-Bayhaqi, Manaaqib ash-Shaafici, Daar at-Turaath, Qaahira, Masar, 1391H/1971.

4. Abuu-Nucaym al-Isfihaani, Xilyat al-Awliyaa wa Dabaqaatu al-Asfiyaa, Daar al-Kutub al-Cilmiyya, Beyruut, Lubnaan.

5. An-Nawawi, al-Majmuuc Sharx al-Muhaddab, Madbacat al-Caasima, Qaahiro, Masar.

6. Ibn Xajar, Tacjiil al-Manfaca bi-Zawaa'id Rijaal al-A'imma al-Arbaca, Majlis Daa'irat al-Macaarif an-Nidaamiyya, 1324 H.

7. Ibn Xajar, Al-Isaaba fii Tamyiizi Saxaaba, al-Madbaca al-Mashriqiyya, 1325 H.

8. Ibn Casaakir, Taariikhu Madiinati-Dimishq, Daar al-Fikri, Beirut, Lebanon, 1415H/1995.

9. Al-Khadiib al-Baqdaadi, Taariikhu Baqdaad, Daar al-Kutub al-Cilmiyya, Beirut, Lebanon, 1417H/1997.

10. Yaaquut al-Xamawi, Mucjam al-Buldaan, Madbaca as-Sacaada, Masar (Egypt) 1323H/1906.

11. Al-Miqriizi, al-Khidad, Madbaca an-Niil, Masar, 1324H.

12. Ash-Shaafici, Kitaab al-Umm.

13. Dr. Axmed Badrud-Diin Xassuun [Taxqiiq], Mawsuuca al-Imaam ash-Shaafici, Silsilat Musannafaat ash-Shaafici, Daaru Qutayba, 1416H/1996.

14. Al-Ustaad Cabdul-Xaliim, Al-Imaam ash-Shaafici Naasiru Sunnah wa Waadic al-Usuul, al-Majlis al-Acla Lish-Shu'uun al-Islaamiyya, 1969.

15. Al-Biqaaci, Diiwaan al-Imaam ash-Shaafici, an-Noor lil Madbuucaat, 1421H/2000.

16. As-Sukkari, Sharx Diiwaan al-Hudaliyyiin, Taxqiiq: Farraaj, Muraajaca: Maxmuud Shaakir, Maktaba Daar al-Curuuba, Qaahira, Masar.

17. Ad-Dahabi, Siyar Aclaam An-Nubalaa, Mu'assasa ar-Risaala, 1419H/1998.

18. Al-Khadiib al-Baqdaadi, Mas'alul-Ixtijaaj bi-Shaafici, Majallat al-Buxuuth al-Islaamiyya, al-Cadad ath-Thaani, ar-Ri'aasa al-Caamma li Idaara al-Buxuuth al-Cilmiyya wal Iftaa wa Dacwa wa al-Irshaad, Riyaad, Sacuudi Carabiya.

19. Ibn Taymiyya, Majmuuc al-Fataawa, Sacuudi Caraabiya, 1398H.

20. Ibn Taymiyya, Minhaaj as-Sunnah an-Nabawiyya, Idaara ath-Thaqaafa wa Nashr bil Jaamica, Sacuudi Carabiya.

21. Ibn Xajar, Fatxul Baari, Sharx Saxiixul Bukhaari.

22. Ibn Khallikaan, Wafayaatul Acyaan wa Anbaa'u Abnaa'iz-Zamaan, Daar al-Kutub al-Cilmiyya, 1419H/1998.

23. Abdul-Caziiz al-Xanafi, Fiqh al-Muluuk, Madbacat al-Irshaad, Baqdaad, 1975.

24. Al-Azraqi, Akhbaar Makkah Wamaa Jaa'a Fiihaa Minal-Akhbaar, Madaabic Daaruth-Thaqaafa, Taxqiiq: Rushdis-Saalax, Makkah, Sacuudi Caraabiya, 1398H/1978.

Ku Qoran Luqada Ingiriisiga

1. Majid Khadduri, Al Shafi'i's Risala on the Foundations of Islamic Jurisprudence, the Islamic Text Society, 1987.

2. Muhammad al-Akilli, Natural Healing with the Medicine of the Prophet, from the Book of Provisions of the Hereafter by Imam ibn Qayyim al-Jawziyya, (translated version), Pearl Publishing House, USA, 1993.

3. Muhtar Holland, Public Duties in Islam, the Instituition of Hisba by Ibn Taymiyya, (translated version), Islamic Foundation, UK, 1982/1402H.

4. Francis Griffin Stokes, Spanish Islam: A History of the Moslems in Spain [Histoire des musulmans d'Espagne by Reinhart Dozy], translated with a biographical introduction and additional notes, Frank Cass and Company Ltd, London, 1913.

5. Norman Davies, Europe: A History, Pimlico, London, 1997.

6. Donald R. Hill, Islamic Science and Engineering, Edinburgh University Press Ltd, UK, 1993

7. Jonathan Keates, The Rough Guide History of Italy, Rough Guides Ltd, London, May 2003.

8. http://www.antique-horology.org/_Editorial/Watchesbymachinery/watchesbymachinery.htm

Insha Allaah,
waxaa dhowaan soo bixi doona:

08000522000

TAARIIKH-NOLOLEEDKII SADDEXDA IMAAM

Abuu-Xaniifa
- Ruugcaddaagii Fiqiga -

Maalik
- Xiddiggii Culumada -

Axmed ibn Xanbal
- Caalimkii Xadiiska -

SN8

Waxaana qoray isla qoraha
Imaam Shaafici
- Difaacihii Sunnada -